José Maurício dos Santos Pinheiro

Perícia Judicial em TECNOLOGIA DA INFORMAÇÃO

EDITORA
CIÊNCIA MODERNA

Perícia Judicial em Tecnologia da Informação

Editor: Paulo André P. Marques
Produção Editorial: Dilene Sandes Pessanha
Capa: Daniel Jara
Diagramação: Daniel Jara
Copidesque: Equipe Ciência Moderna

FICHA CATALOGRÁFICA

PINHEIRO, José Maurício dos Santos.

Perícia Judicial em Tecnologia da Informação

Rio de Janeiro: Editora Ciência Moderna Ltda., 2024.

1. Direito. Jurisprudência 2. Tecnologia
I — Título

ISBN: 978-65-5842-399-7

CDD 340
001.642

Editora Ciência Moderna Ltda.
R. Alice Figueiredo, 46 – Riachuelo
Rio de Janeiro, RJ – Brasil CEP: 20.950-150
Tel: (21) 2201-6662/ Fax: (21) 2201-6896
E-MAIL: LCM@LCM.COM.BR
WWW.LCM.COM.BR

07/24

"Sem provas, os fatos não passam
de meras argumentações"

Millôr Fernandes.

Dedicatória

Como disse Benjamim Franklin, um dos fundadores dos Estados Unidos da América "Paz e harmonia: eis a verdadeira riqueza de uma família". Dedico este livro a minha amada família, fonte de amor, inspiração, paz e harmonia. Com todo meu carinho e admiração, este trabalho é dedicado a vocês!

Prefácio

Em uma era dominada por rápidos avanços tecnológicos, a interseção entre o direito e a tecnologia da informação apresenta desafios únicos para o sistema legal. Neste sentido, o aumento das demandas judiciais tem ampliado o mercado de trabalho para o profissional de Tecnologia da Informação (TI), quando imbuído da função de perito judicial.

Os profissionais de TI desempenham um papel importante ao fornecerem análises especializadas e conhecimentos técnicos que podem esclarecer questões complexas no âmbito legal. Ao atuar como peritos judiciais, eles auxiliam os tribunais na compreensão detalhada de tecnologias emergentes, práticas cibernéticas e aspectos relacionados à segurança da informação. A sua atuação não apenas agiliza o processo judicial, mas também assegura que as decisões sejam embasadas em informações precisas e atualizadas. A integração efetiva entre o direito e a tecnologia da informação, mediada por esses profissionais, torna-se crucial para a construção de um sistema legal capaz de lidar eficazmente com os desafios contemporâneos.

O principal objetivo do livro é servir como um recurso valioso, preenchendo uma lacuna tanto para peritos iniciantes que buscam uma introdução abrangente quanto para profissionais mais experientes que desejam se manter atualizados nessa fascinante área da perícia judicial. O conteúdo é contemporâneo e enfatiza os principais tópicos inerentes ao campo da perícia judicial, abordando questões essenciais de forma simples e objetiva. Ao explorar temas como a função do perito judicial em TI, a elucidação sobre os quesitos, a prova pericial, o planejamento da perícia, a proposta de honorários, as responsabilidades profissionais e a construção do laudo pericial, o livro se propõe a oferecer uma compreensão abrangente e prática, atendendo às necessidades de leitores com diferentes níveis de experiência. Destaca-se ainda pela linguagem acessível, tornando-se um guia valioso para aqueles que buscam aprofundar seus conhecimentos e aprimorar suas habilidades nesse campo dinâmico e especializado.

O primeiro capítulo destaca a importância da Tecnologia da Informação (TI) e o seu papel na sociedade moderna. A TI impulsiona a eficiência operacional, promove a tomada de decisões embasada em dados e contribui para a conectividade global. Apesar dos benefícios, a tecnologia também requer atenção especial em questões legais, especialmente na área de perícia judicial, que envolve a análise técnica de informações para esclarecer litígios. A interseção entre a TI e a perícia judicial é evidente devido à crescente dependência da sociedade em tecnologia digital. A digitalização de documentos, transações e comunicações gera uma abundância de evidências eletrônicas, sendo crucial para a resolução de diversos casos judiciais.

No segundo capítulo explora-se o significado e o amplo escopo da perícia. A perícia refere-se à habilidade, experiência e conhecimento especializado em uma área específica. No âmbito jurídico, a perícia desempenha um papel crucial, destacando-se na perícia judicial, onde profissionais especializados, denominados peritos, são designados para analisar tecnicamente questões relacionadas a processos judiciais.

O terceiro capítulo destaca a organização do trabalho de perícia judicial, a elaboração de um cronograma com as etapas de planejamento e um programa de trabalho.

O quarto capítulo aborda o papel do perito judicial, seus deveres, responsabilidades e principais características do profissional perito judicial em sistemas de informação.

No quinto capítulo é apresentado o assistente técnico com a função de avaliar e discutir tecnicamente o processo e o seu papel como auxiliar da justiça.

O capítulo seis aborda a atividade de perícia e as etapas que envolvem o exame de elementos do processo com objetivo de geração de prova judicial ou extrajudicial.

O capítulo sete discorre sobre as questões financeiras relacionadas aos depósitos de honorários periciais.

O capítulo oito apresenta algumas expressões jurídicas que proporcionam uma variedade de termos legais e técnicos que podem ser incorporados em laudos periciais em tecnologia da informação.

O capítulo nove apresenta a forense computacional como um campo da inves-

tigação digital que se concentra na coleta, análise e preservação de evidências digitais.
No capítulo dez apresento opiniões sobre o futuro digital do sistema judicial brasileiro moldado pela combinação de avanços tecnológicos, novas regulamentações e considerações éticas.
Na parte final, as referências bibliográficas, com diversos outros títulos que poderão enriquecer ainda mais o conhecimento sobre perícia judicial.
O leitor poderá encontrar nos anexos, exemplos de documentos que normalmente o perito judicial irá necessitar ao longo do processo judicial.

Tenha uma excelente leitura!

O autor

O Autor

José Maurício S. Pinheiro é professor universitário e profissional com grande experiência na área de Tecnologia da Informação, possuindo sólidos conhecimentos em gestão tecnológica. Além disso, possui especializações em Perícia Judicial, Sistemas de Telecomunicações, Inteligência Artificial, Automação Industrial e Redes de Computadores.

Também detém expertise como consultor técnico, perito judicial e assistente técnico em diversas demandas, abrangendo Tecnologia da Informação, Redes de Computadores, Sistemas de Informação, Sistemas de Energia Elétrica e de Telecomunicações.

Agradecimentos

"Gostaria de expressar minha gratidão à Editora Ciência Moderna por tornar possível a realização deste livro. Desde o primeiro contato até a publicação final, sua dedicação e profissionalismo foram exemplares. Agradeço especialmente pela orientação editorial precisa, pelo suporte técnico e pela confiança depositada neste projeto. Sem dúvida, esta parceria foi essencial para transformar ideias em realidade e compartilhar conhecimento com os leitores. Estou honrado por ter trabalhado com uma equipe tão dedicada e competente. Muito obrigado por tornarem esta experiência não apenas possível, mas também extremamente gratificante."

Sumário

Capítulo 1

A TECNOLOGIA DA INFORMAÇÃO E A PERÍCIA JUDICIAL

"A justiça atrasada não é justiça, senão injustiça qualificada e manifesta".
Rui Barbosa

A Tecnologia da Informação (TI) representa o conjunto de ferramentas, processos e sistemas digitais voltados para a gestão, armazenamento, transmissão e análise de dados. No contexto atual, a TI desempenha um papel de destaque em organizações e sociedades, impulsionando a eficiência operacional, a tomada de decisões baseada em dados e promovendo a conectividade global.

1.1. Tecnologia da Informação

A importância da Tecnologia da Informação é evidenciada na atualidade pela sua capacidade de transformar e otimizar processos em diversos setores, desde o comércio, a indústria até os diversos serviços que encontramos na sociedade moderna. Ela proporciona um ambiente propício para a inovação, a automação de processos e melhoria contínua. Contudo, essa mesma tecnologia que possibilita avanços significativos também demanda atenção especial quando se trata de questões legais, como ocorre na área do direito.

Considerando que, no contexto do direito civil, a perícia judicial envolve a análise técnica e especializada de informações com o objetivo de fornecer subsídios para esclarecer litígios em processos judiciais, tal descrição está alinhada com a natureza da perícia judicial em TI, que é designada para abordar questões técnicas, científicas ou especializadas na área tecnológica em casos legais, contribuindo para a tomada de decisões judiciais fundamentadas.

Nesse contexto, a interseção entre a TI e a perícia judicial se torna evidente. Trata-se de um campo em constante expansão, pois a sociedade moderna depende cada vez mais da tecnologia digital. A utilização generalizada de sistemas computacionais, redes de computadores, dispositivos móveis e serviços online gera uma quantidade significativa de dados digitais que podem ser cruciais em investigações judiciais. Em consequência, a crescente digitalização de documentos, transações e comunicações cria um vasto campo de evidências eletrônicas que podem ser decisivos para a resolução de diferentes casos.

A TI contribui diretamente para a perícia judicial ao possibilitar a recuperação, preservação e análise de dados digitais. Peritos judiciais em Tecnologia da Informação desempenham um papel vital na investigação de fraudes eletrônicas, crimes cibernéticos, violações de segurança da informação e litígios relacionados à propriedade intelectual. Com esse fim, utilizam ferramentas tecnológicas para extrair, analisar e apresentar informações digitais de forma forense, garantindo a integridade das provas coletadas.

Além disso, a rápida evolução da TI requer dos peritos judiciais constante atualização sobre as tecnologias emergentes e as ameaças associadas a elas. A expertise técnica é, pois, fundamental para interpretar corretamente os dados digitais e apresentar conclusões confiáveis em um contexto legal.

A interconexão entre a Tecnologia da Informação e a perícia judicial reflete a necessidade de profissionais capacitados lidarem com a complexidade das evidências digitais, assegurando que a justiça seja feita em um ambiente cada vez mais digitalizado e tecnologicamente avançado.

O profissional perito judicial em TI atua na coleta, produção e análise de provas digitais, coletando evidências em sistemas e arquivos eletrônicos, bancos de dados, seguindo melhores práticas, realizando investigação e análise de dados e sistemas e produzindo um relatório ou laudo técnico, que poderá ser utilizado por advogados em juízo, comprovando fato técnico ou responsabilidade.

1.2. Perícia Judicial

A perícia judicial, como um procedimento técnico-científico realizado por um perito judicial, tem como propósito esclarecer questões específicas em processos judiciais. É a fase do processo judicial que visa fornecer ao juiz elementos técnicos, científicos ou especializados que ajudem na formação de sua convicção sobre fatos ou circunstâncias que demandem conhecimentos específicos para sua compreensão. Este é o momento em que o juiz nomeia um profissional (o perito) com a finalidade de analisar assuntos técnicos que fogem da sua área de atuação.

O conceito genérico da perícia se refere à habilidade, ao saber e à perspicácia na busca da prova pericial, visto que a matéria pericial recairá sobre diferentes áreas do conhecimento humano. Pelo conceito etimológico, pode-se inferir que a perícia é uma habilidade que se adquire com o tempo, no decorrer da vida, através do saber e dos trabalhos realizados, ou seja, a perícia consiste numa declaração de ciência sobre fatos relevantes à causa, emitida por pessoa com relevante sabedoria, também chamada de *expert*, com o objetivo de esclarecer aspectos técnicos, mediante exames, vistorias, indagações, investigações, arbitramentos, avaliações etc., visando produzir prova perante o Magistrado e as partes envolvidas na discussão.

Para Barros Junior (2022), "A perícia resgata o conhecimento cuja informação não está tão clara para que os julgadores possam fazer suas conclusões sobre a querela, ou seja, o objeto da discussão".

1.3. O Processo Judicial

O processo judicial é um conjunto de atos, procedimentos e formalidades estabelecidos por lei para solucionar litígios e aplicar o direito em sociedade. Ele é uma forma organizada e estruturada de lidar com questões legais, permitindo que partes em conflito busquem a resolução de suas disputas por meio da intervenção do Poder Judiciário. Para Adrião (2018), "... o processo judicial tem como principal interesse a pacificação de conflitos que possam existir na sociedade".
Também é parte essencial do sistema legal em sociedades democráticas, fornecendo uma estrutura para a resolução de conflitos e a aplicação do direito de maneira justa e equitativa. O seu funcionamento pode variar em diferentes sistemas jurídicos ao redor do mundo.

1.3.1. As Partes

No Brasil, todo processo judicial apenas pode começar pela iniciativa de uma parte interessada e, necessariamente, deve apresentar três polos:

- O polo ativo, que será o autor da ação, sendo este a pessoa física ou jurídica que busca a intervenção do Estado para solucionar o litígio;
- O polo passivo, representado pelo réu, que se contrapõe à pretensão do autor;
- O polo neutro, na figura do juiz, que representa o Estado, ouvindo as partes para tomar uma decisão.

Para Adrião (2018), "Em todo processo existe uma relação tripartida entre as partes, ao passo que o autor e o réu têm interesses conflituosos e tentam convencer o juiz do seu ponto de vista. O juiz tem o papel de ponderar para solucionar o conflito". Portanto, num processo judicial, ocorre uma interação trilateral entre as partes, visto que autor e réu mantêm interesses conflitantes, buscando persuadir o juiz em favor de suas perspectivas. Cabe ao juiz o papel de ponderar e resolver o litígio.

1.4. Etapas do Processo Judicial

O processo judicial garante o acesso à justiça e a aplicação imparcial do direito. As partes envolvidas na disputa (autor e réu) apresentam suas reivindicações, conhecidas como petições, demandas ou ações, ao tribunal. Cada demanda corresponde a uma lide, que é a situação ou conflito a ser resolvido. O processo judicial então é conduzido perante um juízo competente, que é a autoridade judicial ou tribunal responsável por julgar o caso. A escolha do juízo competente está relacionada à natureza do litígio e à localização geográfica dos envolvidos.

O autor inicia o processo apresentando uma petição inicial, na qual expõe os fatos, fundamentos jurídicos e o pedido que busca. O réu responde com uma contestação, na qual pode admitir ou negar as alegações do autor e apresentar defesas. As partes têm a oportunidade de apresentar provas para sustentar suas alegações. Isso pode incluir documentos, testemunhas, perícias técnicas, entre outros meios de comprovação.

Ao final do processo, o juiz profere uma sentença, que é a decisão final. A sentença pode ser de procedência (favorável ao autor), improcedência (favorável ao réu) ou parcial procedência. As partes têm o direito de recorrer da decisão judicial caso discordem.

Os recursos buscam a revisão da decisão por instâncias superiores. Se a decisão judicial determinar obrigações específicas, as partes devem cumprir as determinações do tribunal. Caso contrário, medidas de execução podem ser tomadas para garantir o seu cumprimento. Podemos, então, identificar diferentes etapas no processo judicial, cada uma desempenhando um papel específico na busca pela verdade, na apresentação de argumentos, na coleta de provas e na tomada de decisões. A Figura 1, ilustra resumidamente essas fases.

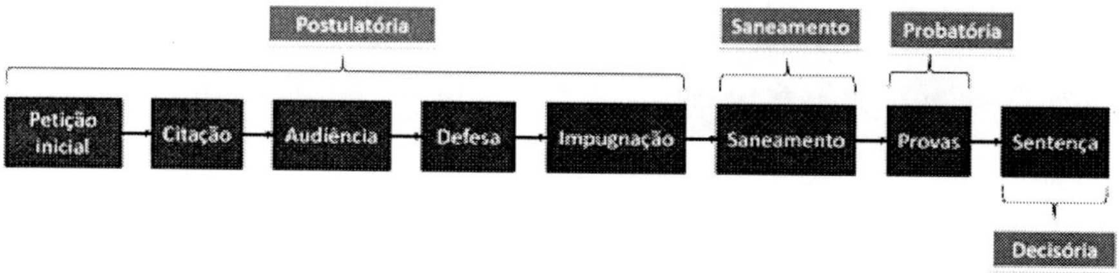

Figura 1 - Etapas do processo judicial

O processo judicial é guiado por princípios fundamentais, como o devido processo legal, contraditório, ampla defesa, imparcialidade do juiz, entre outros. A Tabela 1, fornece uma visão resumida dos principais pontos em cada uma das etapas do processo judicial, destacando as atividades e os processos distintos que ocorrem em cada uma delas.

Tabela 1 – Resumo dos principais pontos em cada etapa do processo judicial

Etapa	Pontos Destacados
Postulatória	Petição inicial: Apresentação das demandas pelo autor.
	Citação: Notificação do réu sobre a ação movida contra ele.
	Audiências: Discussão de questões preliminares e apresentação das partes.
	Defesa e impugnação: Apresentação de argumentos pelo réu e possibilidade de resposta pelo autor.

Saneamento	Identificação de vícios e irregularidades: O juiz analisa minuciosamente o processo para identificar eventuais vícios ou irregularidades.
	Definição dos limites da controvérsia: O juiz delimita os pontos em disputa entre as partes, estabelecendo os temas que serão discutidos e decididos no decorrer do processo.
	Conciliação e mediação: Se houver possibilidade de acordo, as partes são estimuladas a buscar soluções consensuais para evitar um julgamento mais demorado.
	Ordenação das provas e diligências: O juiz organiza a produção de provas, determinando quais serão admitidas e quais serão desconsideradas.
Probatória	Nomeação do perito: Escolha de um especialista para análises técnicas.
	Diligências periciais: Realização de investigações técnicas necessárias.
	Relatório pericial: Documento técnico com conclusões e análises do perito.
	Manifestação das partes: Oportunidade para as partes se pronunciarem sobre o relatório pericial.
Decisória	Análise de evidências: Consideração das provas, alegações e fundamentação jurídica.
	Emissão da sentença: Decisão final do juiz sobre o mérito da causa.
	Execução da sentença: Implementação das obrigações determinadas pela decisão judicial.
	Resolução definitiva: Encerramento do processo e conclusão da disputa em juízo.

1.4.1. Etapa Postulatória

A fase postulatória é a etapa inicial de um processo judicial, na qual as partes apresentam suas demandas e defesas ao tribunal. Essa fase inclui a petição inicial, que é a peça inicial do autor que inicia o processo, a citação para notificar o réu da ação, a realização de audiências para discussão de questões preliminares, a apresentação da defesa pelo réu e a possibilidade de impugnação pelo autor. Durante a fase postulatória, as partes delineiam as questões a serem tratadas no processo, estabelecendo as bases para as etapas subsequentes, como a fase de instrução e a decisão final do tribunal.

A petição inicial e a contestação, representam os pilares essenciais para o adequado progresso de um processo judicial. A construção de uma argumentação robusta e sucinta será crucial para a compreensão integral do problema.

1.4.1.1. Petição Inicial

O processo judicial começa com a petição inicial, um documento formal apresentado pelo autor (parte que move a ação) ao tribunal. O documento contém informações como as partes envolvidas, fatos relevantes, fundamentos legais, pedido de tutela jurisdicional e provas apresentadas. Segundo Medeiros Junior e Fiker (2013), "Na petição inicial, o autor apresentará o rol de testemunhas, e se requerer perícia, formulará quesitos, podendo indicar assistente técnico".

Após protocolar uma petição inicial, observando as regras contidas nos Art. 319 e Art. 320, no Código de Processo Civil (CPC), inicia-se um processo que deve obedecer às regras de tramitação, a fim de garantir que todas as partes tenham as mesmas condições no processo.

1.4.1.2. Citação

Após o recebimento da petição inicial, o tribunal emite uma citação para o réu (parte contrária), notificando-o da ação e fornecendo prazo para apresentar a defesa. O objetivo é garantir que todas as partes estejam cientes da ação e tenham a oportunidade de se defender adequadamente.

1.4.1.3. Audiência

Uma audiência é agendada para que as partes possam apresentar seus argumentos, esclarecer questões e discutir possíveis acordos. Durante a audiência, as partes podem apresentar testemunhas, periciar evidências e fazer alegações orais perante o juiz.

1.4.1.4 Defesa

O réu, após receber a citação, apresenta sua defesa em resposta à petição inicial. A defesa pode incluir contestação, reconvenção, exceções processuais ou objeções preliminares, dependendo da estratégia legal adotada pelo réu.

1.4.1.5. Impugnação

Após a apresentação da defesa, o autor pode entrar com uma impugnação para responder às alegações do réu. A impugnação permite ao autor rebater os argumentos da defesa, apresentar contra-argumentos e fornecer esclarecimentos adicionais.

1.4.1.6. Prazos Legais

Cada fase do processo judicial tem prazos legais específicos para apresentação de documentos e contestações. O não cumprimento desses prazos pode resultar em consequências legais.

1.4.1.7. Possibilidade de Acordos

Durante a audiência, as partes podem buscar acordos extrajudiciais para resolver a disputa de forma amigável, evitando a continuação do processo.

1.4.1.8. Instrução Processual

A audiência também pode incluir a fase de instrução processual, na qual o juiz coleta evidências, ouve testemunhas e realiza outros procedimentos para fundamentar sua decisão.

1.4.1.9. Juízo de Admissibilidade

Após a apresentação da defesa e impugnação, o juiz realiza um juízo de admissibilidade, analisando se há elementos suficientes para prosseguir com o processo.

1.4.1.10. Etapa de Saneamento

A etapa de saneamento é dedicada à organização e preparação do processo para a fase de instrução. Durante essa fase, o juiz busca esclarecer questões processuais pendentes, definir pontos controvertidos, delimitar os temas que serão discutidos na instrução e organizar a produção de provas.

Essa etapa visa garantir que o processo esteja organizado e pronto para avançar de maneira eficiente, eliminando questões processuais que possam prejudicar o desenvolvimento adequado do caso. Conforme Medeiros Junior e Fiker (2013), "Não havendo motivos para extinguir o processo ou para julgar antecipadamente a lide, proferirá o juiz o chamado despacho saneador, em que decidirá sobre a realização do exame pericial, nomeará o perito, facultando às partes a indicação de seus assistentes técnicos, e designará a audiência de instrução e julgamento, deferindo as provas que na mesma deverão ser reproduzidas".

Portanto, a fase de saneamento contribui para a racionalização do processo, concentrando esforços nas questões essenciais e proporcionando uma base sólida para a próxima etapa, a instrução processual.

1.4.1.11. Designação da Audiência de Saneamento

Após a fase postulatória, o juiz designa uma audiência de saneamento, que tem como objetivo organizar o processo para garantir sua eficiência e prepará-lo para a fase de instrução.

Durante a audiência de saneamento, as partes e o juiz revisam questões processuais pendentes, como impugnações, exceções, incidentes processuais, esclarecimento de dúvidas, definição de pontos controvertidos e a organização da produção de provas, entre outros. O objetivo é garantir que todas as questões processuais sejam resolvidas antes da fase de instrução.

1.4.1.12. Delimitação de Pontos Controvertidos

As partes delimitam os pontos sobre os quais há discordância e que serão objeto de análise na fase de instrução. A finalidade é evitar surpresas durante a instrução e focar nos aspectos mais relevantes da disputa.

1.4.1.13. Produção de Provas

As partes discutem e apresentam as provas que pretendem produzir na fase de instrução, como documentos, testemunhas, perícias, entre outras. Cabe ao juiz coordenar a produção de provas, evitando duplicidade e garantindo a eficiência do processo.

O Art. 374, do Código de Processo Civil de 2015, aborda a dispensa de prova em situações específicas, fornecendo diretrizes importantes para o desenrolar dos processos judiciais. O artigo dispõe que não dependem de prova os fatos:

I - notórios;

II - afirmados por uma parte e confessados pela parte contrária;

III - admitidos no processo como incontroversos;

IV - em cujo favor milita presunção legal de existência ou de veracidade.

Fatos notórios são eventos amplamente reconhecidos e aceitos como verdadeiros, sem necessidade de comprovação em juízo. Exemplos incluem datas históricas, leis vigentes e eventos amplamente divulgados pela mídia.

Afirmados por uma parte e confessados pela parte contrária, quando uma parte alega determinados fatos e a parte contrária os confirma, seja por confissão expressa ou tácita, a prova desses fatos é dispensada. A confissão judicial tem grande peso na análise do caso.

Fatos incontroversos admitidos no processo quando, durante o desenvolvimento do processo, determinados fatos são admitidos pelas partes como incontroversos, ou seja, não são contestados, a prova desses fatos torna-se dispensável.

Presunção legal de existência ou veracidade é um conceito jurídico que se refere à atribuição automática de um fato ou consequência jurídica sem a necessidade de prova específica. Nestes casos, a lei presume a ocorrência do fato, e a prova não é exigida.

1.4.1.14. Esclarecimento de Dúvidas

As partes têm a oportunidade de esclarecer dúvidas relacionadas ao processo, evidências apresentadas ou procedimentos a serem adotados. Com isso, espera-se promover uma compreensão clara do que será discutido e analisado na fase de instrução.

1.4.1.15. Ajustamento de Litígios

O juiz pode incentivar as partes a buscarem um acordo, mesmo durante a fase de saneamento, visando resolver o litígio de maneira mais rápida e eficiente. A audiência de saneamento oferece, pois, um ambiente propício para facilitar negociações entre as partes.

1.4.1.16. Ordem do Processo de Instrução

O juiz estabelece a ordem dos atos processuais a serem realizados na fase de instrução, garantindo uma condução eficaz do processo. A fase de saneamento visa preparar o processo para a instrução, eliminando questões processuais pendentes e definindo claramente os pontos em disputa.

1.4.1.17. Racionalização do Processo

A racionalização do processo durante o saneamento contribui para a economia processual, evitando a dilatação desnecessária dos prazos. Ao delimitar os pontos controvertidos e organizar a produção de provas, a fase de saneamento permite que as partes concentrem seus esforços nas questões essenciais.

1.4.2. Etapa Probatória

A etapa probatória é aquela em que as partes apresentam e produzem as evidências necessárias para fundamentar suas alegações. Inclui a nomeação do perito e a produção de provas periciais. Durante essa fase, o tribunal pode nomear peritos para análises técnicas, realizar diligências para coletar informações relevantes e permitir que as partes apresentem testemunhas, documentos e outros elementos de prova.

A etapa visa subsidiar o juiz na formação de sua convicção sobre os fatos em disputa, preparando o terreno para a fase decisória. Após a coleta de provas, as partes têm a oportunidade de se manifestar sobre as evidências apresentadas antes da emissão da sentença.

1.4.2.1. Nomeação do Perito

Durante a fase probatória, o juiz pode nomear um perito para realizar avaliações, perícias ou análises especializadas relacionadas às questões em disputa no processo. O perito é escolhido com base em sua expertise na área relevante para fornecer informações especializadas ao tribunal.

Segundo o Art. 157, O perito tem o dever de cumprir o ofício no prazo que lhe designar o juiz, empregando toda sua diligência, podendo escusar-se do encargo alegando motivo legítimo.

§ 1º A escusa será apresentada no prazo de 15 (quinze) dias, contado da intimação, da suspeição ou do impedimento supervenientes, sob pena de renúncia ao direito a alegá-la.

§ 2º Será organizada lista de peritos na vara ou na secretaria, com disponibilização dos documentos exigidos para habilitação à consulta de interessados, para que a nomeação seja distribuída de modo equitativo, observadas a capacidade técnica e a área de conhecimento.

Alves (2017), salienta que "O perito necessita possuir, além de habilidade legal e técnica profissional, qualidades e comportamento ético, dada sua relevante função na busca pelo equilíbrio entre o direito e a justiça".

1.4.2.2. Diligências Periciais

Após a nomeação do perito, são realizadas diligências periciais para coletar informações necessárias à análise técnica das questões em disputa. As partes têm a oportunidade de colaborar com o perito, fornecendo informações relevantes e questionando os métodos e conclusões periciais, se necessário. No Art. 466, O perito cumprirá escrupulosamente o encargo que lhe foi cometido, independentemente de termo de compromisso.

> § 1º Os assistentes técnicos são de confiança da parte e não estão sujeitos a impedimento ou suspeição.
>
> § 2º O perito deve assegurar aos assistentes das partes o acesso e o

acompanhamento das diligências e dos exames que realizar, com prévia comunicação, comprovada nos autos, com antecedência mínima de 5 (cinco) dias.

No Art. 474, As partes terão ciência da data e do local designados pelo juiz ou indicados pelo perito para ter início a produção da prova.

1.4.2.3. Laudo Pericial

Segundo Fiker (2019), "O laudo do perito judicial deve ser objetivo, completo e conciso, restringindo-se ao assunto da perícia, sem divagações.

O perito prepara um relatório técnico, conhecido como laudo de perícia, que detalha suas conclusões, análises e opiniões sobre as questões específicas para as quais foi designado. Conforme Barros Junior (2022), "A existência de fundamentos enseja a necessidade do seu emissor ter conhecimento específico sobre o tema para permitir fundamentar". Desta feita, o laudo pericial é anexado ao processo judicial e torna-se uma peça importante para a tomada de decisão do juiz. Importante frisar que a imparcialidade do perito na elaboração do laudo é crucial para garantir a confiança nas conclusões periciais e o perito deve atuar de maneira objetiva, sem favorecer nenhuma das partes.

O prazo de entrega do laudo pericial também é uma parte crucial do processo judicial, e sua observância é fundamental para o bom andamento dos processos.

No Art. 476. Se o perito, por motivo justificado, não puder apresentar o laudo dentro do prazo, o juiz poderá conceder-lhe, por uma vez, prorrogação pela metade do prazo originalmente fixado.

Art. 477. O perito protocolará o laudo em juízo, no prazo fixado pelo juiz, pelo menos 20 (vinte) dias antes da audiência de instrução e julgamento.

1.4.2.4. Manifestação das Partes

Após a entrega do laudo pericial, as partes têm a oportunidade de se manifestar sobre suas conclusões, apresentar objeções ou questionar aspectos específicos do parecer técnico. O diálogo entre as partes e o perito, se necessário, pode ocorrer para esclarecer pontos de divergência ou esclarecer informações.
No Art. 477, temos:

> § 1º As partes serão intimadas para, querendo, manifestar-se sobre o laudo do perito do juízo no prazo comum de 15 (quinze) dias, podendo o assistente técnico de cada uma das partes, em igual prazo, apresentar seu respectivo parecer.
> § 2º O perito do juízo tem o dever de, no prazo de 15 (quinze) dias, esclarecer ponto:
>
> > I - sobre o qual exista divergência ou dúvida de qualquer das partes, do juiz ou do órgão do Ministério Público;
> > II - divergente apresentado no parecer do assistente técnico da parte.
>
> § 3º Se ainda houver necessidade de esclarecimentos, a parte requererá ao juiz que mande intimar o perito ou o assistente técnico a comparecer à audiência de instrução e julgamento, formulando, desde logo, as perguntas, sob forma de quesitos.
> § 4º O perito ou o assistente técnico será intimado por meio eletrônico, com pelo menos 10 (dez) dias de antecedência da audiência.

1.4.3. Etapa Decisória

A etapa decisória é o estágio final de um processo judicial, no qual o juiz emite a sentença. Aqui, o juiz analisa todas as evidências apresentadas durante a fase probatória, as alegações das partes e a fundamentação jurídica aplicável.

No Art. 479, O juiz apreciará a prova pericial de acordo com o disposto no art. 371, indicando na sentença os motivos que o levaram a considerar ou a deixar de considerar as conclusões do laudo, levando em conta o método utilizado pelo perito. Essa etapa é, pois, crucial para a conclusão do litígio e a resolução definitiva da disputa apresentada em juízo.

1.4.3.1. Sentença

Com base nas evidências colhidas, incluindo o relatório pericial, o juiz emite a sentença. A sentença é a decisão final que expressa o entendimento do juiz sobre o mérito da causa, indicando as obrigações das partes e encerrando o processo judicial. A sentença inclui a fundamentação jurídica que justifica as conclusões do juiz, aplicando as leis pertinentes ao caso.

1.4.3.2. Execução da Sentença

Se a sentença determina obrigações a serem cumpridas, como pagamento de indenizações ou outras medidas, inicia-se a fase de execução da sentença. O tribunal acompanha a implementação da sentença e pode intervir para garantir que as determinações judiciais sejam efetivamente executadas.

1.4.3.3. Princípio do Contraditório

O Princípio do contraditório é um dos fundamentos básicos do sistema jurídico, garantindo o direito de ciência e manifestação das partes envolvidas em um processo judicial. Esse princípio está intrinsecamente ligado ao direito, ao devido processo legal e à ampla defesa.

Em geral, o princípio do contraditório estabelece que todas as partes em um processo têm o direito de serem ouvidas, de apresentarem suas versões dos fatos, argumentos e provas, bem como de contestarem as alegações e provas apresentadas pela parte adversa.

As partes têm o direito ao contraditório durante a fase probatória, podendo contestar o relatório pericial e apresentar argumentos que possam influenciar a decisão judicial.

1.4.3.4. Prazos Processuais

Os prazos processuais são períodos definidos por lei ou determinados por autoridades judiciais para que as partes envolvidas em um processo judicial realizem determinados atos processuais. Esses prazos são essenciais para garantir a eficiência e a ordem no andamento do processo, permitindo que as partes cumpram suas responsabilidades dentro de um cronograma preestabelecido. Portanto, o cumprimento de prazos processuais é essencial para a eficiência do processo judicial, garantindo que todas as partes tenham tempo adequado para se manifestar sobre as evidências apresentadas.

Existem diferentes tipos de prazos processuais, como prazos para apresentação de petições iniciais, contestações, recursos, produção de provas, entre outros atos processuais. Em alguns casos, existem prazos diferenciados para determinadas situações, como processos urgentes, medidas liminares ou casos que envolvem réus presos.

Os prazos podem ser contados de diversas maneiras, dependendo da legislação local. Alguns prazos são contados em dias úteis, enquanto outros em dias corridos. A contagem pode começar a partir da intimação das partes ou da publicação em diário oficial, por exemplo. Em muitas jurisdições, os prazos podem ser calculados eletronicamente por meio de sistemas judiciais informatizados, facilitando o acompanhamento e a observância dos prazos pelas partes e seus advogados.

Em certas circunstâncias, os prazos processuais podem ser prorrogados ou suspensos. Isso pode ocorrer por pedido fundamentado das partes, decisão judicial ou em situações excepcionais, como feriados forenses. Mas, o não cumprimento dos prazos processuais pode ter diversas consequências, desde a perda de direitos até a extinção do processo. Portanto, é crucial que as partes estejam atentas aos prazos estabelecidos.

A observância dos prazos processuais requer diligência e planejamento por parte das partes e de seus representantes legais. É comum que advogados utilizem sistemas de gestão processual para monitorar os prazos de seus casos.

1.5. Sigilo Profissional

Em todas as etapas, desde a nomeação do perito até a emissão da sentença, é fundamental respeitar os direitos das partes envolvidas, garantindo um processo justo e equitativo. Neste aspecto, o sigilo profissional é um importante fator ético e legal que deve sempre ser observado pelos peritos judiciais.

O sigilo profissional se refere à obrigação de manter a confidencialidade das informações obtidas durante a realização de uma perícia. Conforme Alves (2017), "é responsabilidade do profissional manter o sigilo relativo aos fatos de que toma ciência, que muitas vezes podem ser ilícitos". Essa obrigação visa proteger a integridade do processo judicial, a privacidade das partes envolvidas e a própria credibilidade do perito.

O respeito ao sigilo profissional não apenas protege as partes envolvidas, mas também contribui para a integridade e eficácia do sistema judicial como um todo. É fundamental que o perito esteja ciente de suas responsabilidades éticas e legais em relação ao sigilo e as cumpra de maneira diligente.

Capítulo 2

ESCOPO E DEFINIÇÕES DA PERÍCIA

"Quando vou a um país, não examino se há boas leis, mas se as que lá existem são executadas, pois boas leis hão por toda parte"
Montesquieu

Genericamente, perícia refere-se a um exame técnico-científico conduzido por um *expert*, chamado perito, para investigar e esclarecer questões específicas relacionadas a um determinado contexto. Na prática, a perícia busca analisar e interpretar fatos, evidências ou situações que exigem conhecimentos especializados.

2.1. Escopo da Perícia

O escopo na perícia refere-se à extensão e aos limites do trabalho que será realizado pelo perito em um caso específico. Ele define o âmbito da investigação e estabelece objetivamente o que será examinado, quais questões serão respondidas e quais informações serão coletadas. O escopo é uma parte fundamental do processo pericial, pois fornece direcionamento, clareza e foco para a análise técnica da perícia.

O escopo é delimitado pelos quesitos, pelo objeto de análise e pela natureza da lide. Ele pode variar amplamente dependendo do contexto do caso e da natureza das questões em disputa. Em geral, o escopo inclui:

- **Definição do objeto:** O que será examinado durante a perícia. Pode envolver bens materiais, documentos, sistemas digitais, procedimentos técnicos etc.

- **Quesitos:** As perguntas que o perito deverá responder. Os quesitos são formulados pelo juiz, pelas partes envolvidas ou por ambos, e guiam a análise pericial.

- **Coleta de evidências:** Levantamento de informações, documentos e quaisquer elementos relevantes para a investigação. Pode envolver entrevistas, inspeções, análises documentais etc.

- **Análise técnica:** Aplicação de métodos e técnicas especializadas para examinar e interpretar as evidências coletadas. A análise visa esclarecer os pontos em questão de acordo com os princípios da área de expertise do perito.

- **Laudo pericial:** Documento formal que relata os resultados da perícia, em resposta aos quesitos formulados. Deve ser claro, objetivo e imparcial, apresentando as conclusões e as fundamentações técnicas.

- **Esclarecimento de dúvidas:** O perito pode ser chamado para esclarecer suas conclusões em audiências judiciais, responder a questionamentos das partes e colaborar com o entendimento do juiz e das partes.

2.2. Definições

A palavra "perícia" tem sua origem no latim "*peritia*", que se refere à habilidade, experiência ou conhecimento especializado em uma determinada área. O termo foi incorporado ao português a partir do latim, mantendo sua essência relacionada à competência técnica e habilidade em realizar tarefas específicas. Segundo Guimarães (2013), perícia é a "averiguação feita por perito com conhecimentos especializados sobre a coisa objeto da perícia". Conforme Aguiais (2020), "... a perícia sempre versará sobre área do conhecimento humano especializado, tais como medicina, engenharia, economia, finanças, informática, agrimensura etc.". Alberto Filho (2020), define a perícia como "... a diligência realizada, como meio de prova, por pessoa ou pessoas físicas e por órgãos técnicos ou científicos devidamente inscritos em cadastro mantido pelo tribunal ao qual estão vinculados, coma finalidade de apurar tecnicamente um fato, com o precípuo escopo de instrução de um procedimento".

Na linguagem jurídica, a palavra é comumente utilizada para se referir à expertise técnica de um profissional que realiza análises, investigações ou avaliações em situações específicas, como no caso da perícia judicial, onde um profissional é designado para avaliar tecnicamente questões relacionadas a um processo judicial. Quando a perícia é solicitada pelas partes, temos a perícia requerida. Quando a perícia é determinada pelo Juiz, temos a perícia de ofício.

Segundo Alberto Filho (2020), "A perícia se presta para evidenciar tecnicamente os fatos com o desiderato de solução de qualquer refrega *lato sensu*, motivo pelo qual assim se entende, quando com a valoração probatória em um procedimento específico".

2.2.1. Abordagem por Amostragem, Global e Mista

A perícia judicial no âmbito da tecnologia da informação envolve vários aspectos. É um processo cuidadoso que requer conhecimentos especializados tanto da área da informática quanto conhecimentos jurídicos.

A escolha entre realizar um laudo pericial pode se dar através de uma abordagem global ou através de uma abordagem por amostragem. A escolha irá depender do contexto do caso, das características dos elementos a serem periciados e das normas ou práticas aceitas na área em questão. Em muitos casos, a análise do processo judicial pode não admitir que a perícia use da amostragem e muitas vezes se considera que o trabalho deve ser global.

2.2.1.1. Abordagem Global

A abordagem global (ou integral) é aplicada quando a análise completa e detalhada de todos os elementos do processo é considerada essencial para o entendimento completo do caso. Pode ser necessária em situações nas quais a individualidade de cada elemento é crítica. Essa abordagem apresenta maior confiabilidade na análise do conteúdo processual, especialmente quando a variação de elementos é significativa. Entretanto, demanda mais tempo e outros recursos humanos e materiais podem ser necessários para examinar cada elemento integralmente. Em casos de grandes volumes para serem periciados, isso pode ser impraticável.

2.2.1.2. Abordagem por Amostragem

A abordagem por amostragem é frequentemente aplicada em situações em que a análise em detalhes de todos os elementos do processo é impraticável ou excessivamente dispendiosa. Especialmente na área da informática, a amostragem pode ser uma ferramenta aceitável e eficaz para examinar um conjunto de dados extenso de maneira mais eficiente. No entanto, a permissão ou proibição do uso de amostragem pode depender da natureza específica do caso, das normas e regulamentos locais, bem como das decisões do juízo. De fato, a decisão de aceitar ou não o uso de amostragem muitas vezes está nas mãos do juiz. O perito pode apresentar argumentos para o uso da amostragem, e o juiz avaliará se é apropriado no contexto do caso.

2.2.1.3. Abordagem Mista

Uma abordagem mista, na qual a abordagem por amostragem é aplicada a uma parte representativa dos elementos e abordagem global é realizada em outros casos-chave, pode ser uma estratégia mais equilibrada. Isso permite eficiência sem sacrificar a integralidade da análise.

Antes de iniciar a elaboração do laudo pericial é imperativo compreender claramente a questão em pauta e o escopo da perícia. A definição precisa do objeto e as questões a serem respondidas são fundamentais para direcionar a análise técnica. Independentemente da abordagem escolhida, a metodologia deve ser claramente comunicada e justificada no laudo pericial.

2.2.2. Auxiliares da Justiça

Na estrutura jurídica, os auxiliares da justiça são profissionais que colaboram diretamente com o sistema judicial para garantir a eficiência e a imparcialidade dos processos legais. Os auxiliares da justiça incluem profissionais como escrivães, tradutores, intérpretes, peritos, entre outros, que colaboram diretamente com o Poder Judiciário, seja fornecendo informações especializadas, traduzindo documentos, esclarecendo questões técnicas complexas ou desempenhando outros papéis que promovam a equidade e a compreensão adequada dos fatos em litígio.

2.2.3. Perito Judicial

Conforme Guimarães (2013), perito "é auxiliar direto da Justiça" e o "técnico nomeado, pelo juiz, para emitir opinião ou parecer sobre matéria de que tenha conhecimento prático ou na qual seja especialista".

Os peritos judiciais são importantes auxiliares do juízo e desempenham um papel específico ao contribuir com informações técnicas e científicas para o desenrolar dos processos, sendo imprescindíveis na solução de diversos litígios. Tanto é assim que o Código de Processo Civil o contemplou com atribuições que são de grande importância para auxiliar os juízes nas suas decisões. Segundo o CPC:

Art. 139. São Auxiliares do juízo, além de outros, cujas atribuições são determinadas pelas normas de organização judiciária, o escrivão, o oficial de justiça, o perito, o depositário, o administrador e o intérprete.

Portanto, o perito do juízo é o *expert* nomeado por este, que neste ato determina prazo para a produção da prova pericial e a entrega do respectivo laudo. Após a nomeação, o perito oferece proposta de honorários e planejamento para a realização do trabalho pericial. A proposta então será submetida às partes para se pronunciarem e efetuarem o depósito dos honorários, neste último caso, a parte autora.

2.3. Código de Processo Penal

O Decreto-Lei Nº 3.689, de 3 de outubro de 1941, instituiu o Código de Processo Penal, que regulamenta a função do Estado para julgar as infrações penais e aplicar punições a quem as pratica. Porém, torna-se necessário uma investigação visando esclarecer a materialidade (o que aconteceu), a dinâmica (como) e autoria (quem) dos atos ilícitos. Nesse contexto, o perito em Tecnologia da Informação (TI) é requisitado pela Justiça para produzir laudos técnicos em processos nos quais podem estar envolvidas pessoas físicas, jurídicas e mesmo órgãos governamentais. Ele é o profissional responsável pelo trabalho de investigação onde dados, evidências eletrônicas e provas digitais são usados no trabalho de perícia e o laudo técnico por ele produzido passa a servir como uma das peças (provas) que compõem o processo.

Os processos judiciais são presididos por um juiz, cabendo a este tomar todas as providências de praxe para que a justiça seja feita. Vale dizer que, quando a prova do fato depender de conhecimento técnico ou científico, o juiz será assistido por um perito. Os requisitos para que o profissional da área de Tecnologia da Informação seja um perito judicial são essencialmente possuir um caráter ilibado, ter experiência reconhecida na área de TI (sistemas de informação, redes de computadores, telecomunicações, segurança digital etc.) e habilidade para elaboração dos laudos.

Assim como os demais peritos judiciais, o perito em TI deve ser totalmente imparcial e trabalhar em conjunto com assistentes técnicos e advogados sem buscar provas que sejam tendenciosas para alguma das partes. Seu objetivo é apresentar provas concretas que possam contribuir para a decisão do juiz.

2.4. Código de Processo Civil (CPC)

O Código de Processo Civil (CPC) brasileiro é um conjunto de normas que regulamenta o processo civil no âmbito judicial. A versão mais recente do CPC foi promulgada em 2015, e trouxe significativas mudanças em relação ao código anterior de 1973. Segundo Morais e Morais (2018), "O Processo Civil é o instrumento legal, onde as partes exercem o direito de ação e de defesa, e o juiz o responsável pelo exercício da atividade estatal com o objetivo de oferecer a solução dos conflitos de interesses trazidos pelas partes, proferindo ao final, uma decisão definitiva sobre o litígio. O Código de Processo Civil, por sua vez, estabelece as regras às quais se submetem as partes, o juiz e seus auxiliares, *in casu*, os peritos".

O CPC é uma legislação abrangente que estabelece regras e procedimentos para a condução dos processos judiciais cíveis no país. Ele estabelece princípios fundamentais, como o da oralidade, do contraditório, da ampla defesa, da cooperação entre as partes e do acesso à justiça. Divide os procedimentos em três partes principais: processo de conhecimento (destinado à resolução do mérito da causa), processo de execução (para a satisfação de uma obrigação) e processo cautelar (quando há necessidade de medidas urgentes para garantir o resultado útil do processo principal).

O CPC estabelece as fases do processo, como a petição inicial, a resposta do réu, a produção de provas, a sentença, a fase recursal, entre outras. Introduz a possibilidade de as partes, de comum acordo, estabelecerem regras próprias para o processo, incentivando métodos alternativos de resolução de disputas.

Também favorece a celeridade processual ao permitir o julgamento antecipado de mérito quando não há necessidade de produção de provas em audiência. Estabelece os meios de impugnação das decisões judiciais, como apelação, agravo, embargos de declaração, entre outros.

Introduziu ainda dispositivos sobre a tutela de urgência e a tutela da evidência, possibilitando a concessão de medidas provisórias durante o curso do processo. Também trata das questões relacionadas à cooperação jurídica internacional e reconhecimento de sentenças estrangeiras.

2.5. Novo Código de Processo Civil (NCPC)

O "NCPC" se refere ao Novo Código de Processo Civil do Brasil, que entrou em vigor em março de 2016. Ele é também conhecido como CPC de 2015 ou CPC/2015. Ele revogou o Código de Processo Civil anterior, de 1973, e trouxe uma série de mudanças significativas para o sistema processual civil brasileiro. Para Morais e Morais (2018), "O novo Código de Processo Civil, trouxe inúmeras alterações no seu bojo, porém, só o tempo demonstrará os reflexos trazidos à Sociedade".

O Novo CPC mantém princípios fundamentais, como o do contraditório, da ampla defesa, da cooperação entre as partes, da boa-fé processual, da duração razoável do processo, entre outros. Introduziu a ideia de autocomposição, incentivando a conciliação e a mediação, bem como permite que as partes estipulem suas próprias regras processuais, respeitando os limites estabelecidos pela lei. Mantém a divisão em fases do processo, como a petição inicial, a resposta do réu, a produção de provas, a sentença, a fase recursal etc.

Reforça a ideia de que é possível o julgamento antecipado de mérito, antes mesmo da produção de provas em audiência, quando não houver necessidade de dilação probatória, com regras específicas sobre as tutelas provisórias, incluindo a tutela de urgência e a tutela da evidência.

Estabelece normas mais detalhadas para a cooperação internacional e o reconhecimento de decisões estrangeiras e mantém e atualiza os meios de impugnação das decisões judiciais, como apelação, agravo, embargos de declaração, entre outros. Em resumo, o Novo Código de Processo Civil visa, entre outros objetivos, tornar o processo mais célere, efetivo, e adaptado à realidade contemporânea, incentivando métodos alternativos de resolução de disputas e a participação ativa das partes na condução do processo.

2.6. A Perícia Judicial em Tecnologia da Informação

A perícia judicial em tecnologia da informação desempenha um papel crucial na resolução de litígios relacionados a questões tecnológicas. A elaboração de um laudo pericial nesse contexto demanda conhecimentos especializados, metodologia rigorosa e uma abordagem detalhada. Conhecimentos aprofundados na área de TI, conhecimento das leis e regulamentações pertinentes, bem como habilidades técnicas e analíticas são fundamentais. Em consonância, a imparcialidade, objetividade e clareza são princípios essenciais que devem nortear todo o processo, garantindo a qualidade e a confiabilidade do laudo pericial.
A atividade de perícia geralmente é conduzida de maneira individual. Quando o perito conta com uma equipe, a mesma se restringe às tarefas auxiliares, sendo a responsabilidade pelo exame das evidências substanciais e pelas respostas aos quesitos exclusivamente do perito.

2.6.1. Competências e Credenciais do Perito em TI

Em primeiro lugar, o perito em TI deve possuir conhecimentos técnicos sólidos, bem como habilidades específicas para atuar no contexto judicial. É fundamental que o perito conheça redes de computadores, sistemas operacionais, bancos de dados e sistemas de segurança da informação. Certificações, experiência prática e conhecimento das normas técnicas e éticas são fatores determinantes na escolha de um perito.

A compreensão dos princípios e práticas da área é essencial para conduzir uma análise adequada e precisa. Além disso, o perito deve estar familiarizado com as leis, regulamentos e normas relacionadas à perícia judicial em tecnologia da informação. Isso inclui o conhecimento das leis de proteção de dados (LGPD), Marco Civil da Internet, Marco da Inteligência Artificial, legislação de crimes cibernéticos e regulamentações de privacidade, entre outros. É importante para o perito garantir que sua análise e o laudo produzido estejam em conformidade com as exigências legais aplicáveis.

2.6.2. Coleta de Evidências

Uma etapa crucial (e crítica) na elaboração do laudo pericial é a coleta de evidências. A análise feita pelo perito em questões legais se torna uma evidência válida quando, durante o processo judicial, busca esclarecer os eventos ocorridos de maneira comprovável, seja por métodos científicos ou técnicos. Isso é feito para apoiar o juiz na formação de sua opinião. Além disso, essa análise é chamada de arbitramento quando, durante o processo de esclarecimento de uma decisão judicial, tem como objetivo calcular, de acordo com critérios técnicos, a obrigação de fornecer algo que faz parte da sentença.

A coleta de evidências é realizada com base em procedimentos técnicos específicos, visando assegurar que as informações obtidas sejam confiáveis, admissíveis em tribunal e capazes de sustentar as conclusões do perito. Isso pode envolver a preservação de dados, aquisição de sistemas, análise forense, entre outros procedimentos. Aguiais (2012), destaca "É salutar ressaltar, entretanto, que existem casos onde a perícia irá resumir apenas a análise de documentos, sendo esse o objeto da perícia".

A totalidade dos fatos, dos documentos, das informações, todo e quaisquer meios de prova que possam ser utilizados na confecção do laudo pericial fazem parte do escopo do trabalho de coleta de evidências. A integridade e a admissibilidade das evidências são princípios orientadores durante esta fase e pode envolver a análise de documentos, dispositivos eletrônicos, como computadores, servidores, smar-

tphones e dispositivos de armazenamento. O perito deve ter cuidado ao preservar e coletar as evidências de forma a garantir sua autenticidade e integridade.
Nesse contexto, a coleta de evidências deve seguir uma cadeia de custódia rigorosa, documentando cada passo do processo, desde a identificação e aquisição das evidências até sua apresentação em juízo. Isso é fundamental para garantir a admissibilidade das provas.

2.6.3. Metodologia e Ferramentas

A metodologia adotada na análise técnica pericial deve ser robusta e transparente. O perito deve documentar detalhadamente os métodos utilizados, garantindo que a abordagem seja compreendida por leigos e especialistas. Na maioria das vezes, o uso de ferramentas forenses apropriadas é crucial e deve ser devidamente justificado. A análise propriamente dita deve ser conduzida com rigor científico. Isso inclui estudo da documentação técnica envolvida, a identificação de vulnerabilidades, análise de logs, reconstrução de eventos, e qualquer outra atividade necessária para responder às questões propostas pela demanda judicial.

2.6.3.1. Elaboração do Laudo

O laudo pericial é o documento resultante de todo o trabalho do perito. Ele deve ser claro, conciso e objetivo, apresentando os resultados da análise técnica de maneira compreensível para o público leigo. A linguagem utilizada no laudo deve ser clara e acessível, de forma que juízes, advogados e outras partes interessadas possam compreender facilmente as informações apresentadas. A linguagem técnica deve ser acompanhada de explicações que facilitem a compreensão por parte do juiz e das partes envolvidas.
É importante ressaltar que o laudo pericial deve ser imparcial e objetivo. O perito judicial em TI deve manter uma postura imparcial e ética ao conduzir a perícia. Qualquer conflito de interesses deve ser declarado e evitado para preservar a integridade do processo judicial. O perito deve basear suas conclusões em fatos

e evidências tangíveis, evitando especulações ou opiniões pessoais. Além disso, é essencial que o laudo pericial seja abrangente e completo. O perito deve descrever detalhadamente os métodos utilizados na análise, os resultados obtidos e suas conclusões. O laudo deve incluir uma análise minuciosa dos aspectos relevantes do caso, respondendo de forma clara e precisa às perguntas que foram formuladas pelas partes envolvidas no processo judicial.

2.6.4. Atualização Contínua

Por fim, é importante destacar a importância da atualização contínua do perito em tecnologia da informação. O campo da tecnologia evolui rapidamente, e novas ameaças e técnicas surgem constantemente. Portanto, o perito deve manter-se atualizado sobre as últimas tendências e desenvolvimentos na área, participando de treinamentos e cursos relevantes.

Capítulo 3

ORGANIZAÇÃO DA PERÍCIA JUDICIAL

Se ages contra a justiça e eu te deixo agir, então a injustiça é minha.
Mahatma Gandhi

A organização do trabalho de perícia judicial requer a elaboração de um cronograma com as etapas de planejamento e um programa de trabalho. O cronograma na perícia judicial é central para o sucesso do processo. Ele vai além de uma simples ferramenta administrativa, sendo um instrumento essencial para a eficiência, transparência, responsabilidade e qualidade técnica do trabalho pericial. Já o programa de trabalho é uma ferramenta detalhada que dá vida ao cronograma, fornecendo um roteiro preciso para a execução da análise pericial. Ele é essencial para a organização, responsabilidade, qualidade técnica e eficiência do trabalho pericial. Vamos entender com mais detalhes.

3.1. Cronograma

O cronograma na perícia judicial vai além de ser uma mera formalidade ou ferramenta de gestão de tempo. Trata-se de um elemento fundamental para assegurar a integridade, transparência e eficiência de todo o processo pericial.

No cronograma, devem ficar evidenciados, quando aplicáveis, todos os itens necessários à execução da perícia, tais como diligências a serem realizadas, deslocamentos, necessidade de trabalho de terceiros, pesquisas que serão feitas, elaboração de cálculos e planilhas, respostas aos quesitos, prazo para apresentação do laudo e/ou oferecimento do parecer, de forma a assegurar que todas as etapas necessárias à realização da perícia sejam cumpridas.

A Figura 2, apresenta uma representação simplificada de etapas de perícia judicial.

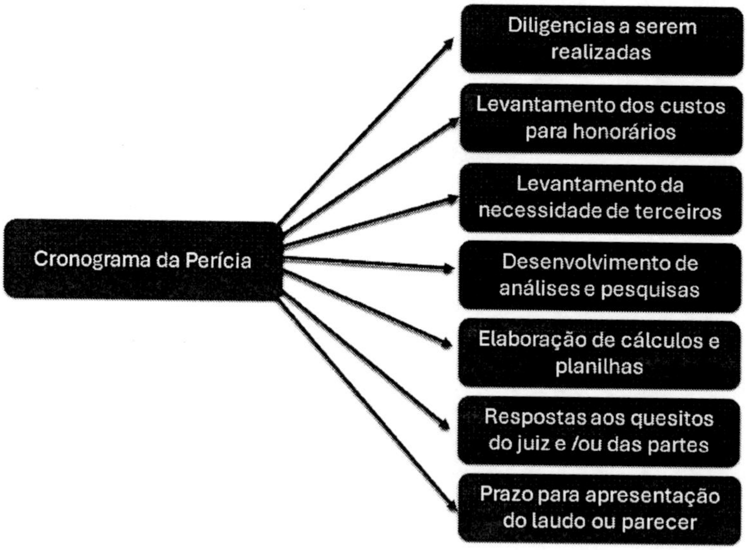

Figura 1 - Etapas da perícia judicial

A seguir, estão listados alguns pontos que extrapolam a importância do cronograma no trabalho de perícia:

- **Garantia de eficiência:** Um cronograma bem elaborado é um instrumento para garantir que cada etapa da perícia seja conduzida de maneira eficiente. Isso inclui desde a coleta de evidências até a apresentação dos resultados. A eficiência é crucial para evitar atrasos desnecessários no desdobramento do processo judicial.
- **Responsabilidade e accountability**: Ao estabelecer prazos claros para cada fase da perícia, o cronograma atribui responsabilidades específicas aos peritos e demais envolvidos. Isso cria um ambiente de prestação de contas (accountability), garantindo que cada parte cumpra suas obrigações dentro do tempo estipulado.
- **Transparência para as partes interessadas**: Um cronograma detalhado oferece transparência a todas as partes envolvidas no processo judicial. Advogados, juízes e demais interessados têm uma visão clara das etapas, prazos e marcos temporais do trabalho pericial.
- **Facilitação da tomada de decisão**: Com um cronograma estruturado, é possível planejar com antecedência e tomar decisões informadas. A gestão do tempo e das atividades contribui para uma análise mais aprofundada e fundamentada, o que é essencial para o desfecho adequado do caso.
- **Minimização de conflitos de prazo**: Em casos judiciais, é comum que haja prazos rigorosos a serem cumpridos. Um cronograma bem planejado minimiza a probabilidade de conflitos relacionados a prazos, contribuindo para um andamento mais suave do processo.
- **Adaptação a mudanças circunstanciais**: O cronograma não é uma ferramenta inflexível. Ele pode ser adaptado conforme necessário para lidar com mudanças nas circunstâncias do caso. Essa adaptabilidade é crucial, especialmente em situações complexas e dinâmicas.
- **Garantia de qualidade:** A definição de etapas e prazos permite que os peritos conduzam uma análise mais aprofundada e criteriosa. Isso contribui para a qualidade técnica e científica do laudo pericial, reforçando sua credibilidade no contexto judicial.

- **Economia de recursos:** Um cronograma bem estruturado ajuda na gestão eficiente de recursos, sejam eles financeiros, humanos ou materiais. A economia de recursos é fundamental para a viabilidade e eficácia do processo pericial.
- **Conformidade com prazos legais:** Em muitos sistemas legais, há prazos específicos para a conclusão de perícias. Um cronograma cuidadosamente elaborado ajuda a garantir que esses prazos legais sejam cumpridos, evitando possíveis consequências adversas.
- **Fortalecimento da credibilidade do perito:** Ao cumprir prazos e apresentar um cronograma sólido, o perito demonstra profissionalismo e comprometimento. Isso fortalece sua credibilidade perante o tribunal, advogados e outras partes interessadas.

3.2. Planejamento

O planejamento da perícia é a etapa que antecede as diligências, pesquisas, cálculos e respostas aos quesitos, na qual o perito do juízo estabelece a metodologia dos procedimentos periciais a serem aplicados, elaborando-o a partir do conhecimento do objeto da perícia. Nesta fase, deve ser previsto o tempo a ser alocado e a quantidade de horas de trabalho, o valor dos honorários, a forma de pagamento e a metodologia a ser utilizada.

Trata-se, pois, de um procedimento prévio abrangente que se propõe a consolidar todas as etapas da perícia na qual o perito do juízo estabelece:

- A metodologia dos procedimentos periciais a serem aplicados;
- Elabora o laudo pericial a partir do conhecimento do objeto da perícia.

O perito deve levar em consideração que o planejamento da perícia judicial se inicia antes da elaboração da proposta de honorários, considerando-se que, para apresentá-la ao juízo ou aos contratantes, há necessidade de se especificar as etapas do trabalho a serem realizadas. Isto implica que o perito deve ter conhecimento prévio de todas as etapas, salvo aquelas que somente serão identificadas quando da execução da perícia.

Portanto, os objetivos do planejamento da perícia residem em conhecer o objeto e a finalidade da perícia a fim de permitir a adoção de procedimentos que conduzam ao levantamento dos fatos, os quais subsidiarão o juízo, o árbitro ou o interessado a tomar a decisão a respeito da lide, bem como definir a natureza, a oportunidade e a extensão dos procedimentos a serem aplicados, em consonância com o objeto da perícia judicial.

Além disso, devem estabelecer condições para que o trabalho seja cumprido no prazo estabelecido, identificar potenciais problemas e riscos que possam vir a ocorrer no andamento da perícia judicial, identificar fatos importantes para a solução da demanda, de forma que não passem despercebidos ou não recebam a atenção necessária.

Quando necessário, o planejamento da perícia deve ser mantido por qualquer meio de registro que facilite o entendimento dos procedimentos a serem aplicados e sirva de orientação adequada à execução do trabalho. E, sempre que necessário, deve ser revisado e atualizado quando fatos novos surgirem durante a perícia.

3.3. Programa de Trabalho

O programa de trabalho envolve a especificação de cada etapa estabelecida no cronograma que deve ser elaborado com base nos quesitos e/ou no objeto da perícia. Portanto, ele é uma extensão do cronograma e desempenha um papel fundamental na condução eficaz do processo pericial. Vamos extrapolar sobre a importância e os aspectos relacionados ao programa de trabalho:

- **Detalhamento das atividades:** Enquanto o cronograma fornece uma visão geral das fases da perícia e seus prazos, o programa de trabalho detalha as atividades específicas que serão realizadas em cada etapa. Isso inclui a definição precisa de tarefas, métodos e procedimentos a serem empregados.

- **Estruturação da análise:** O programa de trabalho é essencial para estruturar a análise pericial. Define como as evidências serão coletadas, analisadas e interpretadas, proporcionando um guia claro para os peritos conduzirem suas atividades de forma lógica e metodológica.
- **Atribuição de tarefas:** Cada atividade delineada no programa de trabalho é atribuída a peritos específicos, quando houver mais de um envolvido, ou indica claramente quem é responsável pela execução de cada parte da análise. Isso evita redundâncias, omissões e assegura uma distribuição eficiente das responsabilidades.
- **Estabelecimento de metodologias:** O programa de trabalho aborda as metodologias a serem empregadas em cada etapa da análise. Isso inclui a descrição detalhada das técnicas, ferramentas e abordagens que serão utilizadas, garantindo consistência e uniformidade na aplicação dos métodos.
- **Fixação de critérios de avaliação:** Define critérios claros para avaliação das evidências e apresentação dos resultados. Ao estabelecer critérios específicos no programa de trabalho, os peritos garantem uma análise objetiva e fundamentada, alinhada com as normas e padrões aplicáveis.
- **Observação de contingências:** Um programa de trabalho bem elaborado antecipa contingências e inclui planos para lidar com imprevistos. Isso pode incluir situações como a necessidade de coleta adicional de evidências, revisão de análises ou esclarecimento de pontos durante o processo.
- **Planejamento de comunicação:** O programa de trabalho também pode abordar como a comunicação será conduzida entre os peritos, com partes envolvidas e com o tribunal. Define relatórios parciais, reuniões, prazos para esclarecimentos, promovendo uma comunicação eficiente e transparente.
- **Adaptação a mudanças:** Da mesma forma que o cronograma, o programa de trabalho deve ser flexível o suficiente para acomodar mudanças circunstanciais. Se houver necessidade de ajustes nas atividades ou metodologias, o programa de trabalho serve como guia para essas adaptações.
- **Garantia da qualidade técnica:** Ao detalhar as atividades e metodologias, o programa de trabalho contribui para a garantia da qualidade técnica do

trabalho pericial. Define padrões e critérios que os peritos devem seguir, assegurando uma análise robusta e cientificamente válida.

- **Base para o relatório pericial:** O programa de trabalho serve como base para a elaboração do relatório pericial. Cada atividade e análise realizada conforme o programa são refletidas no relatório, proporcionando uma linha de raciocínio clara e uma conexão lógica entre os procedimentos adotados e as conclusões apresentadas.

Os documentos dos autos servem como suporte para obtenção das informações necessárias à elaboração do programa de trabalho. Em caso de ser identificada a necessidade de realização de diligências devem ser considerados, se não declarada a preclusão de prova documental, a legislação aplicável, documentos, registros, manuais técnicos, laudos e pareceres já realizados e outras informações que forem identificadas como pertinentes para determinar a natureza do trabalho a ser executado.

Capítulo 4

O PERITO JUDICIAL EM TI

"Não aumente o tom e sua voz, melhore os seus argumentos"
Desmond Tutu

Toda atividade profissional está sujeita às normas legais e procedimentos específicos. O perito judicial é um profissional especializado na área pertinente à demanda em questão, e sua nomeação ocorre por designação do juiz responsável pelo caso.

A função do perito judicial é conduzir uma investigação imparcial e minuciosa, baseada em métodos técnicos e científicos, a fim de emitir um laudo pericial que esclareça pontos relevantes para a resolução do litígio.

4.1. O Perito e a Justiça

O relacionamento do perito com a justiça é feito por meio do cartório (secretaria) da vara onde a causa estiver tramitando e, uma vez instalada a perícia, o processo ou os autos ficam sob a guarda e responsabilidade do perito.

O contato do perito com o processo se dá em duas oportunidades: a primeira, para estudo preliminar, visando oferecer planejamento do trabalho e a proposta de honorários. A segunda, na instalação da perícia e que durará até a entrega do laudo pericial.

Após essas duas ocasiões, o relacionamento do perito com o processo somente ocorrerá pelo atendimento de diligências para resposta aos quesitos e a complementação do laudo ou esclarecimento de posicionamentos para as partes.

4.2. Nomeação do Perito em TI

O juiz, na primeira instância, será assistido por um perito especialista no objeto da perícia, ou mais de um perito, no caso de perícia complexa quando a prova do fato depender de mais de uma área de conhecimento técnico ou científico.

Para um profissional de TI atuar como perito judicial não é necessário prestar concurso público, realizar pós-graduação ou qualquer curso específico sobre perícia. O perito em TI atua da mesma forma que os engenheiros, arquitetos, contadores, administradores e médicos atuam na Justiça Civil e Justiça Federal.

A Lei nº 5.869, de 11 de Janeiro de 1973, institui o Código de Processo Civil (CPC) que no Art. 145, dispõe:

> Art. 145. Quando a prova do fato depender de conhecimento técnico ou científico, o juiz será assistido por perito e, segundo o disposto no Art. 421, o juiz nomeará o perito, fixando de imediato o prazo para a entrega do laudo. (Redação dada pela Lei nº 8.455, de 24.8.1992):

> § 1º Os peritos serão escolhidos entre profissionais de nível universitário, devidamente inscritos no órgão de classe competente, respeitado o disposto no Capítulo VI, seção VII, deste Código. (Incluído pela Lei nº 7.270, de 10.12.1984)
>
> § 2º Os peritos comprovarão sua especialidade na matéria sobre o que deverão opinar, mediante certidão do órgão profissional em que estiverem inscritos. (Incluído pela Lei nº 7.270, de 10.12.1984)
>
> § 3º Nas localidades onde não houver profissionais qualificados que preencham os requisitos dos §s anteriores, a indicação dos peritos será de livre escolha do juiz. (Incluído pela Lei nº 7.270, de 10.12.1984)

Portanto, os peritos são nomeados entre os profissionais legalmente habilitados e os órgãos técnicos ou científicos devidamente inscritos em cadastro mantido pelo tribunal ao qual o Juiz está vinculado. Para a formação do cadastro, os tribunais devem realizar consulta pública, por meio de divulgação na Internet ou em jornais de grande circulação, além de consulta direta a universidades, a conselhos de classe, ao Ministério Público, à Defensoria Pública e à Ordem dos Advogados do Brasil, para a indicação de profissionais ou de órgãos técnicos interessados.

4.3. Responsabilidades do Perito em TI

A palavra "responsabilidade" refere-se à obrigação ou dever de assumir as consequências das próprias ações ou encargos designados. Conforme Guimarães (2013), responsabilidade é o "dever jurídico a todos imposto de responder por ação ou omissão imputável que signifique lesão ao direito de outrem, protegido por lei". No contexto judicial corresponde à obrigação que do perito em respeitar os princípios da moral, da ética e do direito. Fica determinado que ele deve exercer suas funções com lealdade, capacidade e integridade, sob pena de responder civil, criminal, ética e profissionalmente pelas práticas desenvolvidas.

As responsabilidades de um perito em TI devem garantir um trabalho eficiente e imparcial na sua área de atuação. Algumas das principais responsabilidades do perito judicial incluem:

- **Análise técnica**: Realiza a análise técnica detalhada dos elementos tecnológicos envolvidos no caso, como sistemas computacionais, redes de computadores, softwares, dados digitais, diferentes dispositivos eletrônicos, entre outros.
- **Coleta de evidências**: É responsabilidade do perito coletar todas as evidências digitais relevantes para o caso, de forma apropriada e seguindo as práticas forenses aceitas, garantindo que as provas não sejam alteradas ou corrompidas durante o processo de coleta.
- **Preservação das evidências**: O perito deve garantir a preservação da integridade das evidências coletadas, assegurando que todas as informações e dados permaneçam íntegros e inalterados durante a análise e ao longo do processo judicial.
- **Elaboração de laudo**: Com base na análise técnica, o perito elabora um laudo pericial detalhado e imparcial, descrevendo suas conclusões e respondendo às questões técnicas formuladas pelo Juiz ou pelas partes envolvidas no processo.
- **Audiências e depoimentos**: Em algumas situações, o perito pode ser convocado para prestar depoimentos em audiências, esclarecendo suas conclusões e respondendo a questionamentos das partes.
- **Elucidação de termos técnicos**: Deve traduzir os termos técnicos e complexos relacionados à tecnologia da informação para uma linguagem acessível e compreensível por pessoas leigas no assunto, auxiliando o Juiz e as partes a entenderem os aspectos técnicos do caso.
- **Imparcialidade**: O perito deve ser imparcial e independente, atuando sem favorecimentos para qualquer das partes envolvidas no processo judicial.
- **Consultoria técnica**: Em alguns casos, o perito pode ser consultado durante a fase de instrução processual para esclarecer dúvidas e fornecer orientações técnicas ao Juiz e às partes.
- **Cumprimento de prazos**: O perito deve cumprir rigorosamente os prazos estipulados pelo Juiz para a apresentação do laudo e para outras etapas do processo pericial.

É fundamental que este perito tenha conhecimento especializado e experiência na área, bem como que esteja atualizado sobre as mais recentes tendências e avanços tecnológicos, garantindo assim a qualidade e precisão de suas análises periciais.

4.3.1. Responsabilidade Técnica

O conhecimento técnico do perito é referendado na sua área de atuação, tendo como base a sua formação técnica ou acadêmica, comprovada mediante diploma de curso técnico ou científico, devidamente registrado no Ministério da Educação (MEC) ou em Conselho Profissional (quando aplicável).

Em se tratando de profissionais legalmente habilitados junto a um órgão de classe como CREA, CFT, CRT etc., o profissional deve estar ativo e regular com suas obrigações profissionais, para que não sejam suspensos seus direitos de profissional desta categoria.

Entretanto, até o final de 2023, não existia um conselho profissional específico para os profissionais de Tecnologia da Informação no Brasil. Diferentemente de outras profissões, como engenharia e medicina, em que há conselhos profissionais específicos, a área de TI não tinha, até esse momento, uma entidade de fiscalização e regulamentação. Temos o Projeto de Lei nº 1947/2003, que dispõe sobre a regulamentação do exercício das profissões de Analista de Sistemas e suas correlatas e cria um Conselho Federal e os Conselhos Regionais de Informática.

Em diversos tribunais estaduais, para que o profissional da área de TI seja habilitado como perito judicial, deve redigir um documento geralmente chamado "Autodeclaração de Inexistência de Órgão de Classe Constituído", que deverá ser anexado aos documentos probatórios para o exercício como perito judicial. Um exemplo desse documento pode ser encontrado na sessão de anexos do livro.

4.3.2. Responsabilidade Judicial

O perito judicial é o responsável pela elaboração do laudo que servirá como prova no processo. Sua participação como auxiliar da justiça é indispensável quando a análise do processo depender de um parecer com conhecimentos técnicos e / ou científicos. O perito judicial é chamado para esclarecer dúvidas técnicas e científicas em processos judiciais, sendo pessoa de confiança da justiça (deve comprovar a inexistência de pendências como condenação transitada em julgado pela prática de crime, contravenção, improbidade administrativa etc.), e responsável por redigir o laudo que será usado como uma prova no processo. O perito judicial é, pois, um auxiliar de Justiça, atuando como se fosse um profissional liberal, sem ter vínculo empregatício com a mesma.

Para desempenhar a atividade é necessário o conhecimento da prática e burocracia que envolve a perícia judicial. Não se necessita de concurso, curso específico, estar cadastrado em órgão oficial, pertencer a uma entidade de peritos, ter carteira de perito ou de pós-graduação. Necessita sim, comprovar formação e experiência profissional na área em que transcorre a perícia (engenheiros fazem perícias de engenharia, médicos de medicina, tecnólogos em suas especialidades etc.).

É o profissional que deve ser imparcial à prova pericial, não podendo direcionar sua análise em defesa de nenhuma das partes, seja por conclusões subjetivas ou passíveis de opinião. Sua avaliação deve ocorrer segundo critérios metodológicos, de modo a existir uma linha de trabalho sistemática e comprovável, que efetivamente assista o juiz.

O Perito assume a responsabilidade de prestar informações verídicas no seu laudo e responderá pelos prejuízos que causar à parte, além de ficar inabilitado para atuar em outras perícias no prazo de 2 (dois) a 5 (cinco) anos, independentemente das demais sanções previstas em lei, o que inclui as medidas cabíveis ao seu órgão de classe.

O perito responde, civil e criminalmente, pelos erros, omissões, desídia e venalidade. O perito responde pela pontualidade, qualidade e honestidade do seu trabalho. As providências que podem ser requeridas contra o perito: pelo juiz da causa, pela parte, pelo Ministério Público e pelo Conselho de sua profissão. Portanto, seu laudo deve ser claro e objetivo, tendo como foco a análise das provas documentais arroladas ao processo, e firmado segundo padrões, normas, resoluções, portarias etc., ou ainda bibliografia técnica referenciada ao assunto do processo. Na sua redação deve sempre buscar o uso de uma linguagem culta e não coloquial, porém explicativa dos termos técnicos inerentes ao assunto para o melhor entendimento das partes envolvidas e, principalmente, para embasar o parecer final do Juiz.

4.4. Formação do Perito Judicial em TI

O profissional em Tecnologia da Informação (TI) não necessita fazer concurso, curso de pós-graduação como perito, assim como fazer parte de associação, instituto, conselho ou outra agremiação de peritos para desempenhar sua função. Entretanto, observa-se como prática de vários tribunais solicitar para inscrição do perito a apresentação de um certificado de participação em curso de perícia judicial com uma carga horária mínima variável.

O perito em TI é um profissional com conhecimento especializado que permite ao Juiz tomar decisões mais precisas e justas em casos que envolvem aspectos tecnológicos. Sua imparcialidade e expertise são fundamentais para garantir a integridade do processo judicial. Ele é o profissional responsável pela análise de uma rede de comunicação ou sistema de informação, por meio da coleta de informações processuais e Informações obtidas em reuniões. Sua expertise técnica o habilita para a análise de fatos e dados sobre irregularidades a partir das evidências digitais coletadas. Nesse contexto, "evidência digital" é qualquer informação documentada, armazenada ou transmitida em formato ou meio digital. Tal evidência requer a atenção do perito a fim de garantir que os conteúdos de valor probatório (físicos ou digitais) possam ser efetivamente isolados e extraídos de forma correta e lícita. Tais evidências devem contribuir para a elaboração de um parecer técnico (laudo) claro e objetivo que fará parte do processo.

O conteúdo de uma investigação envolvendo a perícia de dispositivos de tecnologia da Informação (hardware, software, firmware, peopleware, redes etc.) podem ser apresentados em um tribunal de justiça como prova de materialidade de um crime ou mesmo como parte de um laudo técnico pericial e normalmente devem seguir quatro etapas:

- **Coleta** - o perito deve isolar os elementos, identificar equipamentos, coletar, embalar, etiquetar e garantir a integridade das evidências, garantindo assim a cadeia de custódia;
- **Exame** - ocorre a identificação, extração, filtragem e documentação dos dados relevantes à apuração;
- **Análise** - os dados transformam-se em informações, ou seja, o perito deve identificar e correlacionar pessoas, locais e eventos, reconstruir as cenas e documentar os fatos;
- **Resultados** - Redação do laudo e anexação das evidências e demais documentos pertinentes ao processo.

O número de ações em que são necessários laudos técnicos de Tecnologia da Informação têm crescido consideravelmente na atualidade e o Poder Judiciário necessita cada vez mais da atuação de peritos e assistentes técnicos *in casu* ("no caso em questão" ou "no caso em análise") para acompanhar as perícias judiciais na esfera Trabalhista, Cível, Previdenciária, Penal, entre outras. Há uma variedade de tipos de exames pertinentes à área de TI, dentre eles se destacam:

- Análise de elementos de hardware
- Análise de software e aplicativos
- Perdas de arquivos digitais
- Manipulação de imagens digitais
- Transferências eletrônicas
- Avaliação de softwares
- Segurança computacional (física e lógica)
- Linguagens de programação
- Bloqueio e sequestro de dados
- Propriedade intelectual
- Outros

O perito em TI é o responsável por buscar informações técnicas e compreender detalhes de possíveis falhas, omissões, fraudes ou crimes digitais. Quando nomeado por um juiz, seu papel é, juntamente com os assistentes técnicos e advogados envolvidos no processo, analisar, preservar e fundamentar evidências que possam sustentar a veracidade do laudo técnico pericial, de forma que este sirva de prova para que o juiz possa fazer seu julgamento de maneira isenta e assertiva, visto que ele normalmente não possui conhecimentos sobre o assunto.

4.5. O Perfil do Perito em TI

A atividade de perito judicial na área de TI é de extrema relevância no sistema jurídico, uma vez que a tecnologia da informação está presente em praticamente todas as esferas da sociedade e, consequentemente, em diversos processos judiciais. O perito judicial em TI é um profissional especializado, que possui conhecimento técnico e expertise para analisar todas as questões relacionadas aos sistemas computacionais, redes de computadores, diferentes softwares, dados digitais e demais aspectos tecnológicos relevantes em processos judiciais.

O perito em TI deve apresentar hard skills e soft skills para o desempenho adequado dessa função especializada. Algumas das principais características do perfil do perito judicial em TI incluem:

- **Sólidos conhecimentos técnicos**: O perito judicial em TI deve possuir um profundo conhecimento técnico em diversas áreas da tecnologia da informação, incluindo redes de computadores, sistemas operacionais, desenvolvimento de software, segurança da informação, criptografia, entre outras. Ele deve estar atualizado com as últimas tendências e avanços tecnológicos relevantes para a sua área de atuação.
- **Experiência profissional relevante**: É essencial que o perito tenha experiência prática em lidar com casos relacionados à sua especialidade em TI. Isso pode incluir perícia em incidentes de segurança cibernética, análise de dados digitais, investigação forense digital ou outras áreas específicas de atuação.
- **Formação acadêmica adequada**: O perito deve ter uma formação sólida em TI, como um diploma em Ciência da Computação, Engenharia da Computação, Segurança da Informação ou áreas relacionadas. Uma formação aca-

dêmica adequada pode fornecer as bases teóricas necessárias para a atuação como perito.

- **Certificações na área**: Certificações relevantes na área de atuação são importantes para validar a expertise técnica e a experiência do perito.
- **Neutralidade e imparcialidade**: O perito deve ser neutro e imparcial, garantindo que suas análises e pareceres sejam baseados em fatos e evidências, independentemente das partes envolvidas no caso.
- **Comunicação e habilidades interpessoais**: Além do conhecimento técnico, o perito deve possuir habilidades de comunicação sólidas para poder explicar, de forma clara e acessível, questões técnicas complexas para juízes, advogados e júris, que podem não ter conhecimento avançado em TI.
- **Capacidade de redigir laudos técnicos**: O perito deve ser capaz de preparar laudos técnicos detalhados, que apresentem suas descobertas de forma objetiva e sustentada em evidências sólidas.
- **Conhecimento do sistema jurídico**: Embora o perito seja especialista em TI, é importante que ele compreenda o sistema jurídico e esteja familiarizado com os procedimentos e regras aplicáveis a perícias judiciais.

Essas são algumas das características essenciais que um perito judicial em TI deve ter para garantir um trabalho competente e confiável na resolução de casos que envolvam tecnologia da informação. Contudo, O perito em TI necessita possuir, além de habilidade legal e técnica profissional, qualidades e comportamento ético, dada sua relevante função na busca pelo equilíbrio entre o direito e a justiça. Na sua atuação, o perito também deve entender o significado do termo "zelo". Zelo significa ter cautela com relação às suas ações, ao seu comportamento, aos documentos e prazos, aos outros profissionais, entre outros aspectos. É importante salientar que a convocação de um perito é feita pelo juiz responsável pelo caso, que levará em consideração o perfil pessoal e a experiência do profissional para tomar a decisão adequada. Desse modo, o perito será reconhecido pelo seu trabalho e, por consequência, seu laudo e seu parecer serão merecedores de fé pública.

4.6. Áreas de Atuação do Perito em TI

O alcance dessa atividade também é amplo e diversificado, e engloba diversas áreas do Direito, tais como:

1. **Crime cibernético**: O perito em TI pode auxiliar na investigação e solução de crimes cibernéticos, como invasões de sistemas computacionais, fraudes eletrônicas, roubo de dados e outros delitos digitais.
2. **Propriedade intelectual**: Em casos de violação de direitos autorais ou patentes relacionadas a software, o perito pode examinar o código-fonte para determinar a autoria ou identificar possíveis plágios.
3. **Responsabilidade civil**: Em litígios que envolvem danos causados por falhas em sistemas computacionais, o perito pode avaliar a origem e a extensão dos problemas técnicos e apurar responsabilidades.
4. **Conformidade**: O perito pode ser solicitado para verificar a conformidade de sistemas com regulamentações e normas de segurança, garantindo a adequação às leis e políticas.
5. **Crimes digitais**: No contexto de investigações criminais, o perito pode extrair e analisar evidências digitais em dispositivos eletrônicos, como computadores e celulares.
6. **Contratos**: Em disputas comerciais envolvendo contratos de desenvolvimento de software ou prestação de serviços de TI, por exemplo, o perito pode examinar o cumprimento das obrigações contratuais e eventuais falhas e descumprimentos.

Saliento que, como qualquer outro, o perito judicial em TI deve ser imparcial, isento e sua opinião técnica deve estar baseada em fatos e dados objetivos. Ele é um elemento fundamental para esclarecer questões complexas e garantir que o julgamento seja embasado em provas concretas e entendimento técnico.
Além disso, dado o constante avanço tecnológico, o perito judicial em TI deve manter-se atualizado sobre as tendências e mudanças na área, para que sua exper-

tise continue relevante e precisa para atender às demandas dos casos judiciais cada vez mais complexos que envolvem tecnologia.

4.7. A Recusa do Perito

Um perito pode recusar sua nomeação para atuar em um determinado caso sob diferentes circunstâncias. Essas recusas geralmente estão relacionadas a questões éticas, técnicas ou práticas. Aqui estão algumas circunstâncias comuns em que um perito em TI pode recusar a nomeação:

- Conflito de Interesses, quando já estiver envolvido no caso como consultor, testemunha ou outra maneira que possa comprometer sua imparcialidade;
- Quando não possui as habilidades técnicas específicas necessárias para lidar com os aspectos do caso em questão;
- Se não dispor de tempo suficiente para cumprir os prazos estabelecidos pelo tribunal;
- Se a condução da perícia apresentar riscos à sua segurança pessoal ou sua integridade física;
- Se as condições de trabalho fornecidas não forem adequadas para realizar a perícia de maneira precisa e eficiente;
- Se as partes envolvidas não fornecerem informações ou documentos suficientes para realizar uma análise adequada;
- Se não houver acordo sobre os honorários a serem pagos, ou se as condições de pagamento não forem consideradas razoáveis;
- Se a participação no caso representar risco à reputação profissional do perito;
- Se a solicitação ou a natureza do caso violar princípios éticos ou normas profissionais da área;
- Outras razões específicas e justificáveis que possam tornar a participação do perito inadequada.

Geralmente, a recusa deve ser fundamentada e comunicada ao juiz, às partes envolvidas e, quando necessário, ao órgão responsável pela nomeação do perito.

4.8. Substituição do Perito

Segundo Alves (2017), "A substituição ou impossibilidade de atuação do perito tem relação com as diferenças de interesses que promovem os impedimentos e as suspeições". O NCPC prevê a possibilidade de impedimento do perito que pertencer ao Ministério Público ou exercer atividade como assessor de Justiça. Também são excluídos os outros indivíduos que forem parciais ao processo. Quando um profissional já nomeado como perito judicial está submetido ao impedimento ou suspeição, isto é, à perda da sua isonomia como perito, não pode aceitar o encargo pericial. Inclusive, a legislação esclarece que, mesmo se o perito já estiver contratado, surgindo alguma situação de impedimento, ele deve se declarar impossibilitado para o trabalho, ou seja, estará impedido de atuar.

Do exposto, é dever do perito, logo que receber a notificação de que foi indicado para alguma perícia, pronunciar sua recusa de nomeação se o processo para o qual ele foi designado não for de sua especialidade ou conhecimento. O impedimento técnico ocorre mediante causas técnicas que devem ser comunicadas pelo perito. Isso também pode ocorrer se o perito estiver impedido por algum dos motivos expressos na legislação pertinente.

O impedimento técnico de um perito judicial em tecnologia da informação pode ocorrer por diversos motivos, que podem comprometer sua imparcialidade, competência ou integridade no processo judicial. Alguns dos motivos que ocasionam o impedimento técnico são:

- Envolvimento anterior no caso como consultor ou prestador de serviços para uma das partes;
- Relações comerciais ou contratuais com uma das partes envolvidas no litígio;
- Ausência de conhecimentos específicos necessários para lidar com os aspectos técnicos do caso;

- Viés pessoal em relação a uma das partes ou ao assunto em questão;
- Manifestação pública de opiniões que possam comprometer a imparcialidade;
- Relações pessoais ou profissionais que possam influenciar sua objetividade no caso. Vínculos familiares, amizades ou qualquer outra conexão que possa levantar questionamentos sobre sua neutralidade;
- Condutas que vão contra as normas éticas e profissionais da área de atuação;
- Os recursos humanos e materiais da composição profissional do perito não comportam aceitar a função;
- Não atendimento aos prazos para os quais foi nomeado, está atuando, foi contratado ou indicado;
- O perito executa funções para a outra parte litigante na condição de assistente técnico.

De acordo com a Lei nº 13.105/15, o CPC define o seguinte em casos de substituição, ou seja, de impedimento da atuação do perito:

> Art. 468. O perito pode ser substituído quando:
>
> I – faltar-lhe conhecimento técnico ou científico;
> II – sem motivo legítimo, deixar de cumprir o encargo no prazo que lhe foi assinado.
>
> § 1º No caso previsto no inciso II, o juiz comunicará a ocorrência à corporação profissional respectiva, podendo, ainda, impor multa ao perito, fixada, tendo em vista o valor da causa e o possível prejuízo decorrente do atraso no processo.
> § 2º O perito substituído restituirá, no prazo de 15 (quinze) dias, os valores recebidos pelo trabalho não realizado, sob pena de ficar impedido de atuar como perito judicial pelo prazo de 5 (cinco) anos.
> § 3º Não ocorrendo a restituição voluntária de que trata o § 2º, a parte que

tiver realizado o adiantamento dos honorários poderá promover execução contra o perito, na forma do Art. 513 e seguintes deste Código, com fundamento na decisão que determinar a devolução do numerário.

4.9. Suporte Técnico ao Juiz

O perito judicial em TI é o auxiliar do Juiz em processos judiciais que envolvem questões tecnológicas. Suas contribuições são valiosas para garantir que o Juiz tome decisões informadas e embasadas em evidências técnicas. Além de ser o responsável por analisar tecnicamente os elementos de tecnologia da informação relevantes para o caso, o que pode incluir, examinar sistemas computacionais, softwares, redes, dados digitais, entre outros, o perito deve ser capaz de traduzir tais características, funcionamentos e possíveis problemas técnicos ao Juiz.

Na elaboração de Laudo Pericial, que deve ser o mais detalhado possível e imparcial, o perito apresenta ao Juiz suas conclusões técnicas sobre o caso. Esse laudo é uma peça fundamental para o Juiz compreender os aspectos técnicos do processo e embasar suas decisões.

Cabe ao perito os esclarecimentos de termos técnicos, pois na maioria dos casos, o Juiz pode não estar familiarizado com a terminologia técnica utilizada na área de TI. O perito tem a função de esclarecer esses termos, traduzindo-os para uma linguagem acessível, para que o Juiz possa compreender melhor o contexto do caso.

Na identificação de evidências, o perito é responsável por coletar e identificar as evidências digitais relevantes para o caso, preservando sua integridade e garantindo que elas sejam utilizadas de maneira adequada no processo judicial. O perito pode ser chamado para prestar depoimentos ou responder a questionamentos das partes sobre as evidências durante audiências. Isso permite que o Juiz obtenha esclarecimentos adicionais sobre o laudo pericial ou outros aspectos técnicos do caso.

Em casos complexos que envolvem tecnologia, o perito pode ajudar o Juiz a avaliar a credibilidade das provas apresentadas pelas partes, especialmente quando se trata de questões digitais. Nestes casos, o perito pode fornecer recomendações técnicas ao Juiz, por exemplo, sobre medidas de segurança a serem tomadas ou sobre a viabilidade de determinadas soluções tecnológicas. O perito também poderá explicar as implicações técnicas de certas decisões, ajudando o Juiz a compreender as consequências de suas escolhas em relação a questões tecnológicas.

A Lei nº 13.105/15, afirma que o juiz nomeará um perito que tenha experiência na matéria periciada. Ele deverá fixar prazos para a entrega do laudo:

> Art. 465. O juiz nomeará perito especializado no objeto da perícia e fixará de imediato o prazo para a entrega do laudo.
>
> § 1º Incumbe às partes, dentro de 15 (quinze) dias contados da intimação do despacho de nomeação do perito:
>
> I – arguir o impedimento ou a suspeição do perito, se for o caso;
> II – indicar assistente técnico;
> III – apresentar quesitos.
> § 2º Ciente da nomeação, o perito apresentará em 5 (cinco) dias:
> I – proposta de honorários;
> II – currículo, com comprovação de especialização;
> III – contatos profissionais, em especial o endereço eletrônico, para onde serão dirigidas as intimações pessoais.
>
> § 3º As partes serão intimadas da proposta de honorários para, querendo, manifestar-se no prazo comum de 5 (cinco) dias, após o que o juiz arbitrará o valor, intimando-se as partes para os fins do art. 95.
> § 4º O juiz poderá autorizar o pagamento de até cinquenta por cento dos honorários arbitrados a favor do perito no início dos trabalhos, devendo o remanescente ser pago apenas ao final, depois de entregue o laudo e prestados todos os esclarecimentos necessários.
> § 5º Quando a perícia for inconclusiva ou deficiente, o juiz poderá reduzir a remuneração inicialmente arbitrada para o trabalho.

> § 6º Quando tiver de realizar-se por carta, poder-se-á proceder à nomeação de perito e à indicação de assistentes técnicos no juízo ao qual se requisitar a perícia.

No Art. 475, Tratando-se de perícia complexa que abranja mais de uma área de conhecimento especializado, o juiz poderá nomear mais de um perito, e a parte, indicar mais de um assistente técnico.

4.10. Penalidades

O Código Penal Brasileiro nos seus artigos 342 e 343, apresenta as penalidades previstas para o perito que testemunhar ou fizer uma afirmação falsa referente a uma perícia:

> Art. 342. Fazer afirmação falsa, ou negar ou calar a verdade como testemunha, perito, contador, tradutor ou intérprete em processo judicial, ou administrativo, inquérito policial, ou em juízo arbitral: (Redação dada pela Lei nº 10.268, de 28.8.2001)
> Pena – reclusão, de 2 (dois) a 4 (quatro) anos, e multa. (Redação dada pela Lei nº 12.850, de 2013) (Vigência)
> § 1º As penas aumentam-se de um sexto a um terço, se o crime é praticado mediante suborno ou se cometido com o fim de obter prova destinada a produzir efeito em processo penal, ou em processo civil em que for parte entidade da administração pública direta ou indireta. (Redação dada pela Lei nº 10.268, de 28.8.2001)
> § 2º O fato deixa de ser punível se, antes da sentença no processo em que ocorreu o ilícito, o agente se retrata ou declara a verdade. (Redação dada pela Lei nº 10.268, de 28.8.2001)
>
> Art. 343. Dar, oferecer ou prometer dinheiro ou qualquer outra vantagem a testemunha, perito, contador, tradutor ou intérprete, para fazer afirma-

ção falsa, negar ou calar a verdade em depoimento, perícia, cálculos, tradução ou interpretação: (Redação dada pela Lei nº 10.268, de 28.8.2001)

Pena – reclusão, de 3 (três) a 4 (quatro) anos, e multa. (Redação dada pela Lei nº 10.268, de 28.8.2001)
§ único. As penas aumentam-se de um sexto a um terço, se o crime é cometido com o fim de obter prova destinada a produzir efeito em processo penal ou em processo civil em que for parte entidade da administração pública direta ou indireta. (Redação dada pela Lei nº 10.268, de 28.8.2001).

4.11. Onde Encontrar o Profissional Perito em TI

O mercado de trabalho é amplo, tanto para o perito quanto para o assistente técnico. Em particular para o assistente técnico, considerando que ainda o maior volume de nomeações pelas partes recai sobre profissionais sem conhecimentos das práticas e da rotina forense, aqueles melhor preparados têm maior chance de colocação. Um processo judicial não obriga nenhuma das partes a contratar os serviços de um assistente técnico para avaliar laudo de perícia. Porém, a contratação de um assistente técnico com formação profissional e conhecimento forense é importante para garantir um laudo técnico que apresente informações que sirvam como prova pericial.
Os casos mais comuns de profissionais que trabalham como assistentes técnicos com relativo sucesso são exatamente aqueles que se originaram da prática de perito. Eles se tornaram conhecidos como peritos a ponto de prestarem serviços como assistentes das partes, de particulares ou empresas de todos os portes. E, ainda, como decorrência do conhecimento obtido no trato com empresas e particulares, realizam serviços extra periciais, atuando como profissionais liberais ou através de suas próprias empresas.
Após o começo da atividade de perito, é provável surgir um leque de oportunidades para novos tipos de serviços extrajudiciais.

Capítulo 5

O ASSISTENTE TÉCNICO

"A justiça não consiste em ser neutro entre o certo e o errado, mas em descobrir o certo e sustentá-lo, onde quer que ele se encontre, contra o errado".

Theodore Roosevelt

Associada a função de perito, embora independente desta, está a função de assistente técnico, contratado por uma das partes no processo judicial. Cabe ao assistente técnico, muitas vezes chamado de perito assistente, verificar as provas periciais e buscar o entendimento da matéria juntamente com o perito nomeado pelo juízo sobre as diferentes interpretações, de modo que as partes não sejam prejudicadas com visões unilaterais, distorcidas da realidade ou que não sejam suficientemente abrangentes para dar ao juiz subsídios amplos para o esclarecimento da matéria sob exame.

5.1. O Papel do Assistente Técnico

Assim como acontece com o perito, o assistente técnico não necessita de curso de pós-graduação, ou fazer parte de associação, instituto, conselho ou outra agremiação para desempenhar sua função. Trata-se de um profissional especializado e formado em áreas de conhecimento específicas, cuja função é elaborar pareceres que possam auxiliar os advogados a compreenderem o objetivo de discussão que deu origem ao processo.

O assistente técnico auxilia a análise dos fatos juntamente com o advogado da causa, tendo a função de avaliar e discutir tecnicamente a matéria e apresentar suas conclusões na forma de um parecer ou laudo técnico assistencial. Conforme o NCPC, a participação do assistente técnico é de grande importância durante a análise e estruturação do laudo técnico elaborado pelo perito e que será entregue ao juiz para análise.

Comparando o trabalho do perito e do assistente técnico, ambos devem esclarecer os fatos e, além disso, cabe ao assistente outra tarefa: contestar ou corroborar o laudo do perito, uma vez que ele é o responsável por analisar as provas periciais para identificar equívocos por meio de exames, considerando sua *expert*ise na área. É nesse momento que são identificados pontos cruciais, que irão nortear as conclusões do Juiz sobre o processo. Isso mostra a importância de que é revestido o trabalho do assistente técnico, cujo conhecimento dos recursos, da rotina e da burocracia na perícia judicial, são fundamentais para a defesa da parte.

O papel do assistente técnico é, portanto, oferecer sempre à parte contratada e ao perito judicial, provas que possam esclarecer de forma justa o laudo em questão. Ele deve respeitar os limites da legalidade, podendo solicitar prazos adicionais para a entrega final do seu parecer.

O assistente técnico pode ser bastante assertivo ao observar três aspectos fundamentais que permitirão ao juiz julgar seu parecer com maior convicção:

- Deve elaborar o seu parecer formulando questões embasadas em fatos e, além disso, usar recursos que possam informar a necessidade de observações suplementares que ajudem a entender melhor o processo. Sua função, portanto, é apresentar soluções adequadas, embasadas e estruturadas.

- Buscar convencer o perito da tese que apresenta sobre o objeto da perícia, oferecendo suporte para a orientação e elaboração de questões que precisam ser respondidas pelo perito;
- Fazer críticas pontuais para cada detalhe que não concordar no laudo do perito, apresentar os pontos contraditórios do laudo pericial, ou citar os trechos incontroversos que ajudam a provar sua tese.

Muito importante salientar que o assistente técnico não produz ou apresenta novas provas, mas somente redige um parecer técnico baseado no laudo elaborado pelo perito. Cabe ao perito compreender o ponto de vista do assistente técnico e apresentar um laudo final ao juiz com suas conclusões. Somente o juiz tem o poder para concluir o processo de acordo com os pontos apresentados no parecer e no laudo.

Assim, podemos destacar algumas tarefas que estão sob responsabilidades do assistente técnico na atividade de perícia judicial:

1. Prestar assessoramento técnico e científico ao advogado da parte na montagem inicial do processo.
2. Sugerir ao advogado da parte os quesitos que serão apresentados no processo.
3. Interagir com os envolvidos da parte no objeto da perícia judicial.
4. Informar ao advogado acerca da necessidade de apresentação de quesitos suplementares, que têm como função abordar melhor os assuntos da perícia.
5. Conhecer todos os prazos processuais relativos a si e ao perito.
6. Alertar o perito sobre as possíveis distorções, ajudando-o nos quesitos e suas respostas, para que não venham a ocorrer erros, tendo em vista que a parte adversa tende a distorcer os fatos com os seus próprios quesitos, levando à confusão do perito e podendo, assim, obter um laudo técnico favorável à sua parte.
7. Após a entrega do laudo por parte do perito nomeado, quando não concordar com este, apresentar o seu parecer nos autos em separado, no qual fará

críticas, ponto a ponto, ao laudo do perito.

8. Complementar e advertir o laudo do perito, quando o mesmo, por lapso, apresentar cálculos equivocados e, involuntariamente, omitir ou distorcer fatos e técnicas importantes.

5.2. O Parecer do Assistente Técnico

No processo judicial, o assistente técnico elabora o documento chamado "parecer técnico" ou "laudo técnico assistencial". Este documento é uma manifestação técnica preparada por ele em favor da parte que o contratou. Tal parecer geralmente aborda questões específicas relacionadas à área de *expert*ise do assistente técnico e fornece análises, interpretações e conclusões sobre essas questões.

Conforme Fiker (2019), "O assistente não tem obrigação de discordar sempre do laudo do perito; seu compromisso maior é com a veracidade dos fatos". E complementa: "Caso o assistente não encontre razão para discordar do laudo oficial, elaborará um parecer técnico concordante, explicando item por item porque concorda com o laudo e, assim, revelando explicitamente a conferência de todos os pontos".

Esse é um aspecto importante do papel de assistente técnico: como *expert*, tem o dever de avaliar as diferentes hipóteses apresentadas no laudo pericial, podendo corroborar, contestar ou contradizer o laudo técnico apresentado pelo perito. Fiker (2019), prossegue: "A obrigação do assistente consiste em analisar minuciosamente o laudo oficial e apontar os enganos e omissões que porventura ocorrem". O objetivo, neste caso, é destacar pontos obscuros, controversos ou conflitantes para que a parte que o contratou não seja prejudicada por conclusões subjetivas ou unilaterais.

Contudo, Fiker (2019), enfatiza que "... o assistente que distorce os fatos em benefício de seu cliente está fazendo falsa perícia e fica sujeito às penalidades pertinentes constantes dos Códigos Civil e Penal".

Podemos citar algumas das principais características do parecer do assistente técnico:

- **Conteúdo estritamente técnico:** O documento deve conter informações técnicas pertinentes ao objeto da perícia ou análise específica para a qual o assistente técnico foi contratado.
- **Argumentação jurídica:** O documento frequentemente inclui uma argumentação jurídica que visa respaldar os interesses da parte que o contratou. Isso envolve a interpretação técnica dos fatos à luz do arcabouço legal.
- **Resposta aos quesitos:** O assistente técnico pode responder aos quesitos específicos levantados no processo ou fornecer esclarecimentos adicionais sobre aspectos técnicos relevantes.
- **Contraposição ao perito judicial:** Em alguns casos, o parecer do assistente pode envolver contraposições ou críticas ao trabalho do perito judicial. Isso faz parte do papel do assistente técnico em defender os interesses da parte que o contratou.
- **Contribuição para audiências:** O parecer técnico pode ser apresentado em audiências como forma de embasar tecnicamente a posição da parte que o contratou.
- **Comunicação com o perito judicial:** Em situações em que há interação entre o perito judicial e o assistente técnico, o parecer técnico pode ser compartilhado com o perito para discussão e esclarecimentos técnicos.

O parecer do assistente deverá constar no processo e o juiz fundamentará sua sentença com base em uma ou mais provas que poderão ser provenientes tanto do laudo do perito quanto do parecer do assistente técnico, ou de ambos. Portanto, é crucial que o documento seja claro, objetivo e fundamentado, uma vez que pode influenciar a compreensão do juiz sobre os aspectos técnicos envolvidos no caso.

5.3. Contratação e Nomeação do Assistente Técnico

As partes do processo têm o direito de nomear um ou mais assistentes técnicos. O assistente técnico é contratado pela parte para representá-la na perícia, sendo de confiança desta e não está sujeito a impedimento ou suspeição. Em nome do exercício desse direito, os dirigentes das empresas, Instituições e mesmo Poder

Público, indicam, na grande maioria dos casos, colaboradores de seu quadro para desempenhar tal função. Nesses casos, geralmente quem nomeia não considera se o profissional tem conhecimentos na prática e a burocracia que envolve a perícia judicial e, a falta desse conhecimento, certamente poderá acarretar um grande prejuízo ao nome, ao negócio, a marca etc., no processo em que a mesma se encontra envolvida.

Existem quatro possíveis formas de um profissional ser contratado e nomeado como assistente técnico em processos judiciais:

I – Contratação de *expert* com experiência: A parte contrata um perito com conhecimento técnico-científico comprovado para atuar no processo. Nessa opção, a parte terá melhores chances na elaboração da prova pelo perito. Além disso, a parte estará amparada pelo parecer do assistente quando este fizer eventuais críticas às alegações técnicas do perito, não concordando com a exploração e abordagem dos fatos constantes no laudo.

II – Contratação por afinidade: A parte contrata o profissional por algum tipo de afinidade (conhecimento de longa data e ou amizade, por exemplo), mas sem experiência como perito. Como o profissional desconhece o que é necessário ao exercício da função, não consegue representar a parte adequadamente e, no desenrolar do processo, sente-se inseguro por não dominar a realidade da burocracia exigida.

III – Contratação interna: A parte é uma empresa privada ou a administração pública que nomeia um funcionário sem o devido conhecimento dos ditames da perícia judicial. A parte escolhe um funcionário cujas atribuições técnicas estão próximas da área em que a perícia exige conhecimento. Contudo, o funcionário não tem experiência em perícia e tampouco está familiarizado com as normas, regras ou procedimentos estabelecidos para a realização da perícia judicial.

IV – Contratação via consultoria: A parte contrata a consultoria técnica de profissional que pode ou não ter experiência com perícia judicial. É aconselhável a escolha de profissional com experiência em perícia judicial e que compreenda as nuances específicas do ambiente legal em que está atuando. Contratar uma consultoria técnica sem experiência em perícia judicial pode ter várias implicações e desafios. Consultores técnicos sem experiência em perícia judicial geralmente não estão familiarizados com os procedimentos, normas e regras específicas que regem a realização de perícias no contexto legal. Isso pode levar a falhas na compreensão das expectativas e na condução adequada dos trabalhos periciais.

A falta de experiência em perícias judiciais pode afetar a credibilidade do trabalho realizado pelo assistente técnico. Os tribunais geralmente valorizam a *expert*ise técnica combinada com uma compreensão sólida dos aspectos legais. Assim, para evitar maiores problemas, é fundamental que as partes envolvidas escolham assistentes técnicos com experiência em perícias judiciais. Profissionais que conheçam as normas legais, os procedimentos judiciais e as práticas aceitas na área específica da perícia são mais propensos a oferecer análises sólidas e relatórios que atendam aos requisitos legais e sejam aceitos pelo tribunal.

5.4. Os Papéis do Perito Judicial e do Assistente Técnico

O perito judicial e o assistente técnico desempenham papéis distintos em um processo judicial, mas ambos estão relacionados à produção de provas técnicas. O perito judicial tem como responsabilidade principal avaliar o parecer técnico ou laudo técnico assistencial elaborado pelo assistente técnico e emitir o seu laudo para a conclusão da investigação no processo.

A Tabela 2 destaca algumas das principais relações e diferenças entre o perito judicial e o assistente técnico no contexto de um processo judicial.

Tabela 2 - Relações e diferenças entre o perito e o assistente técnico

Aspecto	Perito Judicial	Assistente Técnico
Nomeação	Nomeado pelo juiz do processo.	Contratado por uma das partes envolvidas.
Independência	Atua de forma independente e imparcial.	Representa os interesses de uma das partes.
Função Principal	Realiza a perícia técnica no processo.	Assessoria técnica à parte que o contrata.
Imparcialidade	Deve ser imparcial, sem favorecer qualquer parte.	Atua em prol dos interesses da parte que o contratou.
Escolha	Não é escolhido pelas partes. Nomeação é feita pelo juiz.	Cada parte escolhe seu próprio assistente técnico.
Pagamento	Geralmente remunerado pelo tribunal.	Remunerado pela parte que o contratou.
Escopo de Atuação	Analisa todas as evidências do processo.	Foca nas questões técnicas favoráveis à parte que o contratou.
Relação com o Tribunal	Contribui com esclarecimentos técnicos ao tribunal.	Não tem relação direta com o tribunal; sua comunicação é feita através da parte que o contratou.
Colaboração entre Partes	Pode interagir com assistentes técnicos durante o processo.	Pode colaborar com o perito, apresentando informações e questionamentos.

Apesar de atuarem de maneira independente, o perito e o assistente técnico podem interagir durante o processo. O assistente técnico pode apresentar questionamentos ao perito, fornecer informações adicionais e colaborar na busca por esclarecimentos técnicos. Ambos podem participar de audiências, onde suas análises técnicas podem ser discutidas e questionadas perante o tribunal.

Tanto o perito quanto o assistente técnico devem entregar, respectivamente, laudo e pareceres em prazo fixado pelo Juiz. Contudo, o juiz poderá dispensar a prova pericial quando as partes, na inicial e na contestação, apresentarem, sobre as questões de fato, pareceres técnicos ou documentos elucidativos que considerar suficientes.

Capítulo 6

A ATIVIDADE DE PERÍCIA JUDICIAL

"A justiça, cega para um dos dois lados, já não é justiça. Cumpre que enxergue por igual à direita e à esquerda"
Rui Barbosa

A atividade de perícia judicial consiste no exame técnico e especializado realizado por um perito legalmente habilitado, designado pelo tribunal, para esclarecer questões técnicas, científicas ou especializadas em disputas legais. Essa atividade visa subsidiar a tomada de decisão do juiz, fornecendo fundamentação técnica para a compreensão de elementos específicos do caso, sendo aplicada em diversas áreas, de acordo com a natureza do litígio.

6.1. Perícia Facultativa e Perícia Obrigatória

A perícia pode ser facultativa ou obrigatória. Em princípio, é facultativa, mas, por exceção, há perícias indispensáveis e obrigatórias. Em qualquer caso, versa sobre fatos da causa que escapam ao conhecimento ordinário, pois dependem de conhecimento específico.

6.1.1. Perícia Facultativa

A perícia facultativa ocorre quando sua realização não é uma exigência legal, mas é solicitada ou aceita pelas partes envolvidas ou pelo juiz para esclarecer pontos específicos do caso. Nesse contexto, as partes podem concordar em nomear um perito para analisar questões técnicas ou especializadas que possam contribuir para a compreensão do tribunal.

A perícia facultativa é frequentemente utilizada quando as partes veem valor na obtenção de uma opinião especializada para resolver suas controvérsias.

6.1.2. Perícia Obrigatória

A perícia obrigatória é aquela exigida por lei em determinadas situações. Pode ser necessária em casos específicos nos quais a legislação determina a obrigação de realizar uma perícia para esclarecer determinados fatos. Isso pode ocorrer, por exemplo, em casos de danos ambientais, acidentes de trânsito, questões trabalhistas, entre outros, nos quais a análise técnica é considerada essencial para a tomada de decisão judicial.

A legislação muitas vezes estipula quando a perícia deve ser obrigatória e quais são os procedimentos a serem seguidos.

6.2. Requisitos da Perícia Judicial

Conforme Guimarães (2013), requisito é a "condição, exigência legal para validade de ato jurídico ou de contrato". Os requisitos da perícia judicial são fundamentais para garantir a qualidade, confiabilidade e admissibilidade do parecer técnico no âmbito judicial. Conforme a NBR 13752 (1996), "Os requisitos exigidos em uma perícia estão diretamente relacionados com as informações que possam ser extraídas". Portanto, antes de iniciar a atividade de perícia, é essencial que os termos de referência sejam claros e abrangentes. Isso define os limites e objetivos da perícia, fornecendo orientações específicas ao perito sobre o escopo da análise. O perito judicial deve realizar uma coleta abrangente de evidências relacionadas ao caso. Isso pode incluir documentos, testemunhos, registros, dados digitais, entre outros. A abrangência na coleta de evidências é crucial para uma análise completa. A definição da metodologia utilizada nessa atividade é um requisito importante. Isso inclui a descrição detalhada dos métodos, técnicas e ferramentas empregadas para analisar as evidências e chegar a conclusões técnicas. A perícia judicial deve ser baseada em princípios científicos e técnicos sólidos. Essa abordagem científica garante que as conclusões sejam confiáveis e válidas, contribuindo para a credibilidade do parecer.

Dependendo do caso, a perícia pode precisar abranger um período específico ou considerar eventos em locais distintos. A delimitação temporal e espacial é crucial para focar a análise nos elementos relevantes para o processo judicial. Todos os passos da perícia, incluindo a coleta de evidências, a análise realizada e as conclusões alcançadas, devem ser registrados em sua completude, ou seja, sem omissões ou lacunas. A documentação adequada é essencial para respaldar o parecer em tribunal.

O perito deve estar ciente e aderir às normas técnicas e legais aplicáveis à sua área de atuação. Isso inclui seguir procedimentos reconhecidos e atender aos requisitos específicos exigidos pelo sistema legal. Ao atender a esses requisitos, o perito contribui para a integridade do processo judicial, fornecendo informações abrangentes e confiáveis que ajudam na tomada de decisões justas.

6.3. O Parecer Técnico do Perito

Segundo Guimarães (2013), parecer é a "Opinião fundamentada, estudo de aspectos de uma lei ou caso jurídico". E continua: "Opinião de técnico, perito, arbitrador, sobre assunto de sua especialidade". O parecer técnico do perito judicial desempenha papel importante no âmbito jurídico, fornecendo informações especializadas e análises técnicas para auxiliar os juízes e as partes envolvidas na tomada de decisões.

Segundo a ABNT (1996), o parecer técnico é "opinião, conselho ou esclarecimento técnico emitido por um profissional legalmente habilitado sobre assunto de sua especialidade". Portanto, este deve ser documentado de forma completa e detalhada, incluindo todas as informações relevantes e evidências que embasam as conclusões. Uma documentação adequada é vital para a aceitação do parecer técnico em um tribunal.

Em alguns casos, o perito judicial pode precisar trabalhar de maneira interdisciplinar na elaboração do seu parecer, necessitando da colaboração de outros especialistas de diferentes áreas para oferecer uma análise mais abrangente e precisa. Por exemplo, em um mundo cada vez mais globalizado e digital, os peritos judiciais em TI são chamados para realizar perícias em evidências digitais, como computadores, dispositivos móveis, redes de comunicação, e-mails e outros documentos, entre outros. O perito judicial em TI pode ser solicitado a considerar a jurisprudência e os precedentes legais relevantes ao realizar sua análise e necessitar de suporte de outros profissionais para garantir que suas conclusões estejam alinhadas com as decisões judiciais.

6.4. Processo e Procedimento

Na perícia judicial, os termos "processo" e "procedimento" têm significados específicos e são fundamentais para entender como a atividade pericial é conduzida no contexto legal.

6.4.1. Processo

Conforme Guimarães (2013), processo é o "conjunto organizado de preceitos legais que dão forma e movimento à ação; compõe-se de peças, termos e atos com que se instrui, disciplina e promove a lide em juízo para efetivação do direito nela pleiteado". É, pois, uma sequência de atos independentes, destinados a solucionar um litígio, com a vinculação do juiz e das partes a uma série de direitos e obrigações e procedimentos e o andamento do processo. O relacionamento do perito com a causa é feito por intermédio do processo. Não deve o perito manifestar sua opinião fora dos autos.

6.4.2. Procedimento

Segundo Guimarães (2013), procedimento é o "Conjunto de atos que constituem o modo pelo qual se desenvolve e se aplica o processo, a sua dinâmica. Modo de agir, rito, forma legal de movimentar a lide". Os procedimentos são comuns ou especiais. A escolha entre procedimento comum e especial é determinada pelo tipo de ação proposta e pelas normas processuais específicas aplicáveis a cada caso.

6.4.2.1 Procedimento Comum

O procedimento comum é o padrão, utilizado para a grande maioria dos casos judiciais. Ele se subdivide em procedimento comum ordinário e procedimento comum sumário, cada um aplicado de acordo com a complexidade e natureza do caso.

- **Procedimento Comum Ordinário:** É utilizado nos casos mais complexos e abrangentes, sendo aplicado em processos que envolvem matérias mais extensas, disputas substanciais, e quando há a necessidade de maior dilação probatória. Este procedimento segue uma tramitação mais detalhada e pode incluir a produção de mais provas, oitiva de testemunhas, perícia, entre outros. Os prazos processuais tendem a ser mais longos no procedimento ordinário.
- **Procedimento Comum Sumário:** É aplicado em casos mais simples, nos quais se busca uma tramitação mais rápida e eficiente. Ele é caracterizado pela simplificação dos ritos processuais e pela redução de formalidades. Geralmente, é utilizado em questões de menor complexidade, como cobranças de

dívidas, ações de despejo, entre outros. Os prazos são mais curtos, buscando uma resposta mais célere por parte do judiciário.

6.4.2.2. Procedimento Especial

O procedimento especial é usado em situações específicas e para determinados tipos de ações judiciais, possuindo regras próprias que se aplicam exclusivamente àquela categoria de processo.

Exemplos de procedimentos especiais incluem ação de inventário, ação de desapropriação, ação monitória, entre outros. Cada um desses procedimentos especiais segue normas particulares adaptadas à sua natureza específica.

A Tabela 3 destaca as distinções entre processo e procedimento na perícia judicial.

Tabela 3 - Diferenças entre processo e procedimento na perícia judicial

Característica	Processo na Perícia	Procedimento na Perícia
Definição	Conjunto de atos e atividades que compõem a ação judicial.	Sequência de passos e métodos adotados para realizar a perícia.
Escopo	Abrange todo o contexto da ação judicial.	Concentra-se na condução específica da análise pericial.
Objetivo	Busca a resolução do litígio por meio de uma decisão judicial.	Objetiva esclarecer questões técnicas ou científicas específicas.
Abrangência	Inclui petições, audiências, perícias, decisões etc.	Envolvente direto da atividade pericial, desde a coleta até o laudo.
Autoridade	Sob jurisdição do juiz e sua equipe.	Sob responsabilidade do perito nomeado.
Duração	Pode estender-se por todo o curso do processo judicial.	Varia de acordo com a complexidade do caso e os métodos aplicados.

Laudo Pericial	Utiliza o laudo pericial como uma das evidências.	Resulta na elaboração do laudo pericial como conclusão.
Formalidades Legais	Deve seguir as normas processuais legais estabelecidas.	Deve aderir às normas técnicas e científicas aplicáveis.
Decisão Judicial	Influencia diretamente nas decisões finais do juiz.	Apresenta informações que auxiliam o juiz na formação de convicção.
Participantes Principais	Juiz, partes envolvidas, advogados, testemunhas, perito nomeado.	Perito, assistentes técnicos, partes envolvidas, juiz.

6.5. Fluxo da Perícia Judicial

O processo de perícia judicial envolve a avaliação técnica do perito designado pelo tribunal para fornecer esclarecimentos sobre questões específicas em disputa. Aqui está um fluxo geral do processo de perícia judicial:

- **Nomeação**: O tribunal nomeia um perito judicial com base na área de expertise necessária para resolver a questão em disputa. O primeiro contato do perito com os autos ocorre após a nomeação.
- **Aceitação do encargo**: O perito aceita formalmente o encargo, concordando em realizar a perícia de acordo com os termos estabelecidos pelo tribunal. No período que lhe for concedida a carga dos autos (normalmente cinco dias), o perito deve analisar os mesmos com o objetivo de inteirar-se do seu conteúdo, avaliar o grau de complexidade, a extensão e tempo necessário ao desempenho do mister para, então, planejar o trabalho pericial e estimar o valor dos honorários.
- **Elaboração do laudo**: O perito realiza uma análise detalhada, coleta de dados e evidências relacionadas ao objeto da perícia. Com base nessas informações, o perito elabora um laudo pericial que contém suas conclusões e fundamentos técnicos.
- **Entrega do laudo ao tribunal**: O perito entrega o laudo ao tribunal, o qual será parte integrante dos autos do processo.

- **Impugnação das partes**: As partes envolvidas no processo têm a oportunidade de impugnar o laudo pericial, questionar as conclusões do perito ou apresentar contraprovas.
- **Audiência de instrução**: O tribunal pode realizar uma audiência específica para discutir o laudo pericial, esclarecer dúvidas e permitir que as partes apresentem argumentos adicionais.
- **Decisão judicial**: Com base no laudo pericial, nas impugnações das partes e em outros elementos do processo, o tribunal emite sua decisão.
- **Recursos**: As partes podem recorrer da decisão judicial se discordarem, e o processo pode passar por instâncias superiores.

A Figura 3 apresenta um fluxo geral do processo de perícia judicial.

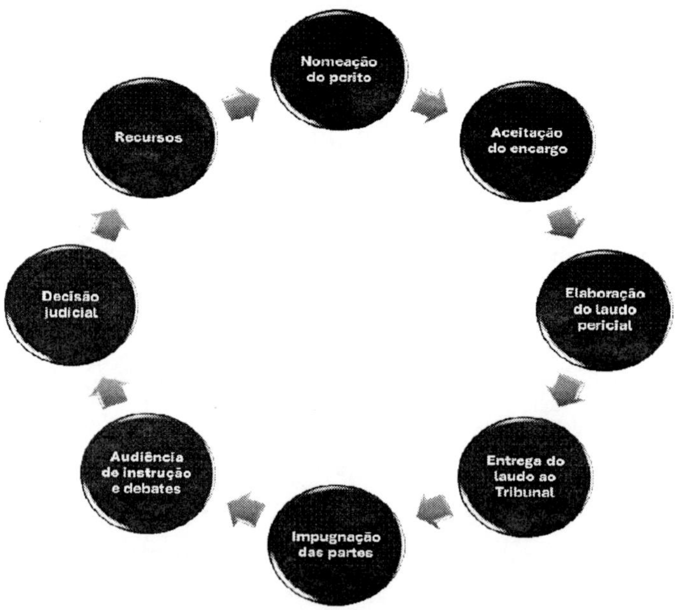

Figura 3 - Fluxo geral da perícia judicial

É importante observar que o processo de perícia judicial pode variar dependendo do tipo de disputa, das práticas locais e da legislação específica de cada jurisdição.

6.6. Obrigações Funcionais

A função de perito engloba obrigações que precisam ser analisadas pelo profissional. Entre essas obrigações, se destacam o atendimento à função pericial e a obediência que o profissional deve ter quanto aos prazos estipulados pelo magistrado para o desenvolvimento do trabalho. Por meio do Art. 157 da Lei nº 13.105/15, observa-se:

> Art. 157. O perito tem o dever de cumprir o ofício no prazo que lhe designar o juiz, empregando toda sua diligência, podendo escusar-se do encargo alegando motivo legítimo.
>
> § 1º A escusa será apresentada no prazo de 15 (quinze) dias, contado da intimação, da suspeição ou do impedimento supervenientes, sob pena de renúncia ao direito a alegá-la.
> § 2º Será organizada lista de peritos na vara ou na secretaria, com disponibilização dos documentos exigidos para habilitação à consulta de interessados, para que a nomeação seja distribuída de modo equitativo, observadas a capacidade técnica e a área de conhecimento.

Portanto, após ser indicado como perito judicial, o profissional passa a ser responsável por diversas funções. Contudo, algumas situações podem surgir durante o desenvolvimento da perícia e refletir na atuação do perito. A seguir, veja algumas das principais ações que podem ocorrer antes da elaboração do laudo pericial:

- Indicação ou escolha, que irá depender da finalidade que o trabalho possui. Ou seja, você deve considerar se o encargo é para exercer atividade como perito judicial ou assistente técnico;
- Intimação, que ocorre apenas para as situações de perícia judicial;
- Renúncia ou declínio do cargo, nos casos em que o perito indicado se considera impedido ou impossibilitado de executar suas ações por alguma causa justa;

- Aceitação da função, a qual se dá por meio da falta de manifestação por intermédio de petição para o arbitramento de honorários transitórios ou absolutos;
- Recebimento de honorários mediante adiantamento;
- Estabelecimento dos limites do serviço pericial, referente à finalidade e ao espaço de tempo da matéria de investigação;
- Planejamento e ordenação, que envolvem os trabalhos de campo e os outros serviços periciais;
- Agendamento, com a definição de local, data e horário para a primeira diligência e agendamento da próxima ou das demais (se for o caso);
- Informação, transmitida em uma carta AR (Aviso de Recebimento) ou por meios eletrônicos (e-mail).

O perito possui o dever de explicar a matéria técnica se isso for solicitado pelas partes envolvidas. Ele deverá também comparecer em audiência conforme determinado na Lei nº 13.105/15:

> Art. 477. O perito protocolará o laudo em juízo, no prazo fixado pelo juiz, pelo menos 20 (vinte) dias antes da audiência de instrução e julgamento.
>
> § 1º As partes serão intimadas para, querendo, manifestar-se sobre o laudo do perito do juízo no prazo comum de 15 (quinze) dias, podendo o assistente técnico de cada uma das partes, em igual prazo, apresentar seu respectivo parecer.
> § 2º O perito do juízo tem o dever de, no prazo de 15 (quinze) dias, esclarecer ponto:
>
> I – sobre o qual exista divergência ou dúvida de qualquer das partes, do juiz ou do órgão do Ministério Público;
> II – divergente apresentado no parecer do assistente técnico da parte.

§ 3º Se ainda houver necessidade de esclarecimentos, a parte requererá ao juiz que mande intimar o perito ou o assistente técnico a comparecer à audiência de instrução e julgamento, formulando, desde logo, as perguntas, sob forma de quesitos.
§ 4º O perito ou o assistente técnico será intimado por meio eletrônico, com pelo menos 10 (dez) dias de antecedência da audiência.

Para analisar o desempenho que o perito deve ter podemos observar a Lei nº 13.105/15, Art. 473, § 3º:
§ 3º Para o desempenho de sua função, o perito e os assistentes técnicos podem valer-se de todos os meios necessários, ouvindo testemunhas, obtendo informações, solicitando documentos que estejam em poder da parte, de terceiros ou em repartições públicas, bem como instruir o laudo com planilhas, mapas, plantas, desenhos, fotografias ou outros elementos necessários ao esclarecimento do objeto da perícia.

6.7. O Laudo Pericial

Conforme a ABNT 13752 (1996), laudo é a "Peça na qual o perito, profissional habilitado, relata o que observou e dá as suas conclusões ou avalia, fundamentadamente, o valor de coisas ou direitos". Ele deve ser desenvolvido de forma individual para atender à determinação judicial e corresponde à peça técnica de autoria do perito nomeado.

6.7.1. Definições para Laudo Pericial

Para Fiker (2019), laudo é "Parecer técnico escrito, fundamentado e emitido por um especialista indicado por autoridade, relatando resultados de exames e vistorias, assim como eventuais avaliações com ele relacionadas". Segundo Guimarães (2013), laudo é o "Relatório ou parecer, por escrito, com as conclusões dos peritos ou arbitradores, sobre matéria técnica ou exames sobre os quais foram chamados

a opinar". E Guimarães continua: "Pericial: se traz a opinião e os esclarecimentos conclusivos dos peritos. Também se diz consultivo ou informativo".
No contexto da perícia judicial, diversos termos são utilizados para descrever diferentes aspectos do laudo pericial. Aqui estão algumas definições relacionadas:

- **Parecer técnico:** Documento elaborado por especialista em determinada área, que pode ou não ser o perito do caso. Esse documento é uma manifestação técnica sobre algum aspecto específico do processo, fornecendo esclarecimentos e opiniões especializadas.
- **Relatório:** No contexto da perícia judicial, "relatório" pode ser utilizado de forma genérica para se referir a qualquer documento que descreva informações técnicas sobre um determinado assunto. Pode ser empregado como sinônimo de laudo ou parecer técnico, dependendo do contexto.
- **Vistoria/Inspeção:** Fase prática da perícia, na qual o perito realiza a observação direta e coleta de dados no local ou em relação aos objetos que estão sendo periciados. É durante essa etapa que o perito verifica as condições, coleta evidências e reúne informações para embasar suas conclusões no laudo.
- **Avaliação:** Refere-se à determinação do valor ou mérito de algo. Em contextos periciais, a avaliação pode se referir à análise de danos, cálculos financeiros, estabelecimento de valores em disputas judiciais ou qualquer outra análise que envolva a determinação de um valor ou mérito relacionado ao objeto da perícia.

6.7.2. Conteúdo do Laudo Pericial

O laudo contém a síntese do objeto da perícia, os resultados da investigação e as observações que o perito considera pertinentes, as diligências executadas, os métodos escolhidos, os resultados sustentados e as conclusões sobre a lide, que devem ser transparentes e objetivas.
Segundo Fiker (2019), "O laudo do perito judicial deve ser objetivo, completo e conciso, restringindo-se ao assunto da perícia, sem divagações". Portanto, o laudo deve ser desenvolvido de forma contínua e lógica e o perito deve registrar suas

descobertas com precisão, especificando elementos e particularidades que englobam a demanda. Para Fiker (2019), "... o perito deve expressar suas conclusões de maneira coerente, objetiva e consistente, embasado no corpo do laudo". Seguindo essa metodologia, o trabalho do perito é reconhecido por meio do padrão e da estrutura do documento.

Conforme Fiker (2019), "Se houver laudos anteriores, como, por exemplo, no caso de apelação, o perito deve proceder a um exame dos laudos apresentados, explicando ao juiz quais as virtudes e os defeitos de cada um". O laudo pericial pode ser visto como a materialização do serviço pericial exercido pelo perito e representa a própria prova pericial.

Como instrumento processual, o laudo deve expressar as conclusões do perito de forma imparcial e técnica. Um fluxo simplificado da perícia até a fase de elaboração do laudo é apresentado na Figura 4:

Figura 4 - Fluxo de elaboração do laudo pericial

O laudo, como documento final, deve refletir as descobertas e opiniões do perito com independência, objetividade e clareza. Contudo, sua execução deve apresentar uma abordagem fundamentada, os métodos e as técnicas utilizadas pelo perito para realizar sua análise devem ser consistentes e seguir padrões técnicos e científicos reconhecidos. A metodologia deve ser objetiva, transparente e passível de avaliação crítica. É importante que o laudo seja entregue sem erros ou rasuras, pois isso refletirá o zelo com que o trabalho foi realizado. Nos casos em que as provas e evidências forem incontestáveis o laudo será conclusivo e tornará mais fácil a decisão do juiz.

Assim, embora o perito tenha autonomia na apresentação de suas conclusões no laudo, a metodologia adotada para alcançar essas conclusões deve ser rigorosa, seguindo princípios científicos e técnicos estabelecidos. Isso ajuda a garantir a confiabilidade e a qualidade do trabalho pericial, tornando-o mais aceitável no contexto judicial.

A imparcialidade e a qualidade técnica são fundamentais para fortalecer a credibilidade do laudo pericial no processo legal. O Juiz ao solicitar um laudo pericial considera que, no intuito de fazer prevalecer a justiça, precisa de dados comprobatórios ou adicionais para tomar sua decisão. O Juiz pode aceitar o laudo integralmente ou parcialmente ou rejeitá-lo totalmente ou integralmente.

Havendo participação de peritos assistentes, estes só se manifestarão depois que o perito judicial entregar o laudo ao juiz no prazo de dez dias, ou a critério do perito, durante a realização do trabalho pericial, se este entender que há necessidade de trabalho em conjunto.

O perito, para pedir vistas dos autos ou pedir carga do processo antes de qualquer manifestação das partes sobre sua proposta de honorários, deverá observar os Arts. 134, 135 e 138 do CPC. Esta observação é importante para evitar que seja destituído do processo ou tenha que renunciar ao mesmo já em fase adiantada da sua execução pericial.

Na fase da perícia, cada assistente técnico das partes pode preparar um parecer, assim como o perito prepara um laudo, sobre o mesmo tema. Nada impede que os assistentes técnicos assinem juntos o laudo do perito, quando concordam com ele. Eles expressam a concordância com o laudo do perito através de petições ou pareceres isolados.

O Art. 473 do NCPC apresenta uma lista mínima de elementos que o laudo pericial deve conter, a saber:

I - A exposição do objeto da perícia;
II - A análise técnica ou científica realizada pelo perito;
III - A indicação do método utilizado, esclarecendo-o e demonstrando ser predominantemente aceito pelos especialistas da área do conhecimento da qual se originou;
IV - Resposta conclusiva a todos os quesitos apresentados pelo juiz, pelas partes e pelo órgão do Ministério Público.

§ 1º No laudo, o perito deve apresentar sua fundamentação em linguagem simples e com coerência lógica, indicando como alcançou suas conclusões.
§ 2º É vedado ao perito ultrapassar os limites de sua designação, bem como emitir opiniões pessoais que excedam o exame técnico ou científico do objeto da perícia.
§ 3º Para o desempenho de sua função, o perito e os assistentes técnicos podem valer-se de todos os meios necessários, ouvindo testemunhas, obtendo informações, solicitando documentos que estejam em poder da parte, de terceiros ou em repartições públicas, bem como instruir o laudo com planilhas, mapas, plantas, desenhos, fotografias ou outros elementos necessários ao esclarecimento do objeto da perícia.

6.7.3. Estrutura do Laudo Pericial

A elaboração e a redação do laudo pericial em tecnologia da informação são de responsabilidade do perito. A elaboração do laudo requer uma estrutura clara e organizada para apresentar as conclusões de forma precisa e compreensível. Abaixo, apresento sugestão de uma estrutura lógica para a elaboração de um laudo de perícia judicial em tecnologia da informação:

1. Capa
   1.1 Identificação do processo e das partes envolvidas, apresentando o número do processo, a vara e a comarca em que o mesmo tramita, o nome do juiz responsável, os nomes das partes e o tipo de ação.

1.2 Nome do perito ou equipe de peritos.
1.3 Data de emissão do laudo.

2. Sumário

2.1 Lista dos tópicos abordados no laudo, com a indicação das páginas correspondentes.

3. Introdução

3.1 Breve explicação do objeto da perícia.
3.2 Identificação do solicitante.
3.3 Descrição do contexto do caso.

4. Qualificação do Perito

4.1 Nome completo, formação acadêmica, experiência profissional, e outros detalhes relevantes.
4.2 eclaração de inexistência de impedimentos.

5. Histórico e Contexto

5.1 Descrição detalhada do histórico do caso.
5.2 Informações relevantes sobre as partes envolvidas.
5.3 Qualquer informação contextual necessária.

6. Objetivo da Perícia

6.1 Apresentação do objeto da perícia, formas de investigação e análise técnica ou científica que foi aplicada pelo perito, além da designação do critério escolhido, explicando e mostrando ser aceito por especialistas da área de conhecimento da qual teve origem.
6.2 Declaração clara do que foi solicitado pelo juiz para investigação, ou seja, elucidar o ponto controvertido da lide.
6.3 Apresentação dos quesitos a serem respondidos.

7. Metodologia Utilizada
   7.1 Descrição detalhada dos métodos e ferramentas empregados na perícia, com o apontamento de todos os procedimentos e ações usadas pelo perito na busca por informações necessárias para o desenvolvimento do laudo pericial.
   7.2 Justificativa da escolha desses métodos.

8. Coleta de Evidências
   8.1 Descrição dos procedimentos de coleta de dados e evidências.
   8.2 Documentação das fontes de informação utilizadas.

9. Análise Técnica
   9.1 Detalhes das análises realizadas.
   9.2 Descrição de procedimentos técnicos, ferramentas utilizadas etc.
   9.3 Apresentação de evidências coletadas.
   9.4 Resposta aos quesitos, iniciando pelos que foram apontados pelo magistrado, se esse existir, seguindo com os do autor e finalizando com os do réu.

10. Resultados Obtidos
    10.1 Apresentação das descobertas de forma organizada.
    10.2 Destaque para achados relevantes.
    10.3 Inclusão de tabelas, gráficos, ou outras representações visuais, quando apropriado.

11. Discussão
    11.1 Análise interpretativa dos resultados.
    11.2 Correlação entre as descobertas e o objeto da perícia.
    11.3 Discussão sobre possíveis implicações técnicas ou legais.

12. Conclusão
    12.1 Recapitulação dos principais pontos.
    12.2 É vedado ao perito se estender, ou seja, ir além dos limites do que lhe foi requisitado.

12.3 O perito não deve emitir opiniões próprias que ultrapassem o exame técnico ou científico da matéria da perícia.

13. Considerações Finais
   13.1 Observações adicionais relevantes.
   13.2 Limitações da perícia, se houverem.

14. Anexos e Documentação Complementar
   14.1 Inclusão de documentos, printscreens, logs, entre outros, que fundamentem as conclusões do laudo.

15. Finalização
   15.1 São indicadas as obrigatoriedades do perito, a quantidade de páginas, de anexos e de documentos que estão vinculados ao laudo e que foram unidos a ele.
   15.2 Assinatura, carimbo, certificado digital (documentação eletrônica) e identificação completa do perito.

É importante lembrar que a estrutura do laudo pericial pode variar de acordo com as especificidades do caso em questão e a estrutura exata do laudo pode variar dependendo das normas e regulamentações específicas do órgão ou tribunal ao qual o perito está submetido. Recomenda-se sempre verificar essas normas e adaptar a estrutura conforme necessário.

A aceitação incondicional do laudo preparado pelo perito, por parte de alguns juízes, desconsiderando os laudos dos assistentes técnicos, tem sido rejeitada em diversos tribunais, demonstrando, com isso, a importância do assistente técnico no processo. O juiz poderá, inclusive, utilizar o que consta no laudo do assistente técnico e desconsiderar os argumentos apresentados no laudo do perito. Portanto, o preparo e treinamento do assistente técnico em suas conclusões é fundamental para o sucesso do laudo elaborado. Isso porque é necessário que o assistente técnico tenha conhecimento dos meandros e particularidades da perícia judicial para realizar um trabalho eficiente. Caso contrário, a perda para a parte, no processo, poderá ser bastante significativa.

A principal característica do assistente técnico sem conhecimentos nas práticas e rotina forense é a insegurança no posicionamento frente ao perito nomeado e ao Juiz. O assistente técnico sem conhecimento de perícia judicial se torna inseguro levando-o a uma posição em que se sinta, até mesmo, inferior à autoridade que o perito possa efetivamente representar em relação a ele. Em alguns casos, percebe-se que os assistentes técnicos nem chegam a abrir o processo para que estão nomeados, deixando correrem as diligências e conclusões a bel prazer do perito.

Quanto ao direito de solicitar o prazo adicional a fim de finalizar seus trabalhos periciais, o perito está garantido pela legislação: "Se o perito, por motivo justificado, não puder apresentar o laudo dentro do prazo, o juiz poderá conceder-lhe, por uma vez, prorrogação pela metade do prazo originalmente fixado."

6.8. Os Quesitos

Segundo Guimarães (2013), quesito refere-se aos "pontos ou questões de um arrazoado ou libelo que devem ser respondidos por peritos, técnicos ou pelos jurados". E complementa: "incumbe às partes apresentar os quesitos ao perito indicado pelo juiz, no caso de prova pericial; o juiz indeferirá os quesitos impertinentes e pode formular os que julgar necessários ao esclarecimento da causa; as partes podem apresentar, durante as diligências, quesitos suplementares, que somente são admissíveis até a realização de exame pericial". Os quesitos correspondem aos questionamentos definidos pelo juiz e pelas partes envolvidas. É importante que o perito observe a existência ou não desses quesitos no processo. Caso não haja quesitos formais, deve ser analisado o objetivo do processo desde a fase inicial, passando pelo ato da nomeação, pois aí podem estar implícitos os quesitos ou o direcionamento que o levará à produção da prova pericial. Conforme o Art. 470 incumbe ao juiz:

I - indeferir quesitos impertinentes;

II - formular os quesitos que entender necessários ao esclarecimento da causa.

A extensão e profundidade dos questionamentos podem ficar limitados ao ponto controvertido fixado pelo juiz em audiência ou ilimitados se o magistrado não restringir o objeto da prova pericial. Todavia, é fundamental que todos os quesitos sejam respondidos. Ou seja, todas as questões levantadas pelo juiz e/ou pelas partes envolvidas devem ser abordadas pelo perito. Ao perito é permitido o uso somente de palavras de fácil entendimento. Assim, os julgadores e as partes envolvidas podem obter preciso conhecimento da prova técnica e compreensão dos resultados atingidos.

O perito deve ter a máxima atenção ao conteúdo dos quesitos, pois a resposta a eles significa o porquê da realização do trabalho pericial. O normal é que os quesitos sejam apresentados e deferidos antes da proposta de honorários, para que o perito possa estabelecer o tempo de trabalho e os honorários. Portanto, será interessante solicitar ao juiz que os quesitos sejam apresentados antes da proposta de honorários.

Todavia, os quesitos podem ser apresentados a qualquer tempo. Durante a diligência, as partes podem apresentar quesitos suplementares (CPC, art. 425), porém, somente antes da apresentação do laudo, não podendo os mesmos ampliarem o objetivo da perícia.

6.8.1. Quesitos Suplementares

Após a entrega do laudo pericial, o juiz abre às partes vistas do mesmo. Nesse momento, as partes podem necessitar complementar o laudo através de novos questionamentos. Quando as partes recebem o laudo pericial, têm a oportunidade de formular quesitos suplementares para o perito.

Esses quesitos adicionais podem abordar pontos específicos que não foram devidamente esclarecidos ou detalhados no laudo inicial. É uma maneira de garantir que todas as questões relevantes sejam devidamente consideradas e esclarecidas durante o processo judicial. Importante destacar que a parte que não apresentou seus quesitos na fase inicial, de acordo com art. 421 do CPC, não poderá fazer quesitos suplementares durante a fase das diligências. Algo óbvio, visto que esse momento é de complementação de perguntas feitas na fase inicial.

Portanto, os quesitos suplementares são arguições efetuadas pelas partes ao perito, após a entrega do laudo pericial. São questionamentos adicionais que podem ser apresentados pelas partes envolvidas no processo, quesitos têm o objetivo de esclarecer ou aprofundar aspectos específicos que, no entendimento das partes, não foram abordados de forma suficiente no laudo original.

O Art. 425, do CPC, prevê a apresentação de quesitos suplementares: Poderão as partes apresentar, durante a diligência, quesitos suplementares. Da juntada dos quesitos aos autos dará o escrivão ciência à parte contrária.

Conforme o Art. 469, as partes poderão apresentar quesitos suplementares durante a diligência, que poderão ser respondidos pelo perito previamente ou na audiência de instrução e julgamento.

Compete ao Juiz acatar ou indeferir a solicitação das partes dos quesitos suplementares. Uma vez aceitos, eles podem ser apresentados tanto pela parte autora quanto pela parte ré, e a sua formulação é uma oportunidade para as partes influenciarem a condução da perícia, direcionando o foco para áreas específicas que considerem cruciais para o entendimento do caso.

O perito, por sua vez, é responsável por responder aos quesitos suplementares de maneira técnica e fundamentada, contribuindo para o esclarecimento completo das questões abordadas no processo judicial. Essa interação entre as partes e o perito por meio dos quesitos suplementares é parte do processo de contraditório, permitindo que as partes expressem suas dúvidas e busquem esclarecimentos adicionais.

6.8.2. Quesitos de Esclarecimentos

Quesitos de esclarecimentos são perguntas adicionais que as partes podem apresentar ao perito após a análise do laudo pericial inicial. Esses quesitos têm o propósito de buscar esclarecimentos sobre pontos específicos do laudo que podem não estar completamente claros ou que necessitam de mais detalhes para a compreensão adequada.

Quando as partes recebem o laudo têm o direito de formular quesitos de esclarecimentos ao perito. Essas perguntas visam preencher eventuais lacunas, dissipar dúvidas ou obter informações adicionais que ajudem a compreender de forma mais abrangente os aspectos técnicos ou científicos apresentados no laudo. Tais quesitos proporcionam uma oportunidade para as partes e seus advogados interagirem diretamente com o perito, esclarecendo pontos específicos e buscando uma compreensão mais profunda do parecer técnico apresentado. O perito, por sua vez, deve responder a esses quesitos de maneira técnica e clara, contribuindo para uma compreensão mais completa por parte das partes e do tribunal.

O artigo 435 do CPC disciplina que as perguntas devem sempre surgir na forma de quesitos e que deverão ser comunicadas ao perito judicial no prazo de 5 (cinco) dias úteis antes da audiência:

> Art. 435. A parte que desejar esclarecimento do perito e do assistente técnico, requererá ao juiz que mande intimá-lo a comparecer à audiência, formulando desde logo as perguntas, sob forma de quesitos.
>
> § único. O perito e o assistente técnico só estarão obrigados a prestar os esclarecimentos a que se refere este Art., quando intimados 5 (cinco) dias antes da audiência.

6.8.3. Quesitos Impertinentes

Quesitos impertinentes se referem aos questionamentos apresentados pelas partes que não têm relevância direta para a análise técnica do perito ou para a resolução das questões em disputa. Esses quesitos são considerados inadequados, pois não contribuem de maneira eficaz para a elucidação dos fatos ou para o entendimento da matéria pericial.

As partes têm o direito de formular quesitos ao perito durante o processo de perícia judicial. No entanto, esses quesitos devem ser pertinentes e relevantes para a análise técnica pelo perito. Quesitos impertinentes podem ser considerados desnecessários, inadequados, ou mesmo irrelevantes para a conclusão da perícia, cujas respostas sempre serão alheias aos propósitos dos litigantes ou da justiça. Neste caso, poderá a resposta ficar prejudicada, ou seja, fora do objeto da prova pericial. O art. 426 do Código de Processo Civil, define:

Art. 426 - Compete ao Juiz:

I - indeferir quesitos impertinentes;
II - formular os que entender necessários ao esclarecimento da causa.

Quando um perito recebe quesitos que são considerados impertinentes, é comum que ele os rejeite ou não os inclua em seu laudo pericial. O objetivo é manter a objetividade e focar na análise técnica que realmente contribuirá para a compreensão dos aspectos científicos ou técnicos relacionados ao caso em questão. Responder quesitos que não contribuam com a resolução do litígio, apenas sob o amparo de que perguntas efetuadas devem ser respondidas é assumir riscos desnecessários, além de ter que responder por outros danos causados, como o de induzir o juiz a erro.

Vale ressaltar que a determinação de um quesito como impertinente pode variar de acordo com as circunstâncias específicas de cada caso e, muitas vezes, cabe ao perito e ao juiz avaliar a pertinência e a relevância dos quesitos apresentados durante o processo de perícia judicial.

6.8.4. Quesitos Incompletos, Insuficientes ou Ausência de Quesitos

É comum ocorrerem quesitos mal formulados ou tendenciosos que podem comprometer o resultado da perícia, normalmente por falta de conhecimento técnico dos arguidores, que formulam as perguntas de maneira superficial, cheias de doutrinas e jurisprudências, ou outros fatos alheios a discussão, acarretando interpretações dúbias.

Quesitos incompletos referem-se a perguntas formuladas de maneira inadequada ou que não fornecem informações suficientes para orientar adequadamente o perito na realização de sua análise. Isso pode levar a respostas imprecisas ou lacônicas. Geralmente, a falta de clareza nos quesitos pode dificultar o trabalho do perito, prejudicando a qualidade e a abrangência da perícia.

Quesitos insuficientes são aqueles que não abordam adequadamente todos os aspectos relevantes do caso em questão. Eles podem deixar lacunas na compreensão dos fatos ou não cobrir todas as áreas necessárias para uma avaliação completa. Quando os quesitos são insuficientes, o perito pode solicitar esclarecimentos adicionais ou, se possível, complementar as perguntas para garantir uma análise mais abrangente.

A ausência de quesitos ocorre quando as partes não apresentam perguntas específicas para o perito responder durante a perícia. Isso pode ser prejudicial, pois as partes têm o direito de influenciar a análise pericial formulando questões que consideram relevantes para seus argumentos. A falta de quesitos pode resultar em uma análise incompleta e não atender totalmente às expectativas das partes envolvidas no processo.

Na eventual ausência de quesitos, o perito oferecerá respostas aos temas controvertidos observando o objeto da lide, o que ajudará a expor com minúcias e a apresentar o resultado na forma de conclusão. Nesses casos, ele mesmo delimitará o campo da investigação pericial. É importante que o perito entenda o objeto da ação e, no caso de falta de quesitos, este entendimento assume relevância maior.

Portanto, torna-se fundamental que as partes formularem quesitos claros, completos e pertinentes para garantir que o perito tenha orientações adequadas para realizar uma análise técnica abrangente e que contribua efetivamente para a compreensão dos fatos em disputa no contexto da perícia judicial. O diálogo eficaz entre as partes e o perito, por meio dos quesitos, é crucial para garantir a qualidade e a validade do processo pericial.

A Tabela 4 resume as características distintas de quesitos incompletos, insuficientes, ausência de quesitos e quesitos impertinentes, destacando o impacto na perícia e as abordagens recomendadas para lidar com cada situação.

Tabela 4 - Tipos de quesitos e o impacto na perícia

	Quesitos Incompletos	Quesitos Insuficientes	Ausência de Quesitos	Quesitos Impertinentes	Quesitos de Esclarecimentos
Descrição	Perguntas com falta de informações ou sem clareza	Perguntas que não abrangem todos os aspectos relevantes	Falta de perguntas específicas das partes	Perguntas sem relevância direta para a análise técnica	Perguntas adicionais para esclarecer pontos específicos do laudo
Impacto na Perícia	Pode resultar em respostas imprecisas ou lacônicas	Pode deixar lacunas na compreensão dos fatos	Pode dificultar a orientação do perito	Não contribuem eficazmente para a análise técnica	Buscam esclarecer e detalhar aspectos do laudo
Abordagem Recomendada	Revisão e esclarecimento dos quesitos	Solicitação de esclarecimentos adicionais ou complementação	Estímulo para as partes formularem perguntas	Rejeição ou não inclusão no laudo pericial	Resposta técnica e clara para melhor compreensão
Envolvimento do Perito	Pode requerer a busca por esclarecimentos adicionais junto às partes	Pode solicitar esclarecimentos ou complementação dos quesitos	Não há perguntas específicas para resposta	Avaliação da pertinência e relevância para a análise	Interage diretamente para elucidar pontos específicos do laudo

6.9. A Prova Pericial

Segundo Alves (2017), "A perícia corresponde ao método que demonstra o acontecimento quando não há meios de prova documental que o evidencie. Ela também é útil quando é necessário apresentar situações relativas ao fato que não estejam bem esclarecidas".

A principal finalidade da prova pericial é destacar os eventos relacionados ao conflito, os quais podem possuir natureza técnica ou científica. Tais eventos devem ser evidenciados formalmente e em conformidade com as convicções jurídicas, baseando-se na experiência e habilidade do perito durante a execução do seu trabalho.

Quando intimado para iniciar os procedimentos periciais, o perito deve informar às partes e aos assistentes técnicos a data e o local de início da produção da perícia. No caso de ausência de informações suficientes nos autos para localizar os assistentes técnicos, a comunicação deve ser dirigida aos advogados das partes. Caso estes também não tenham fornecido endereço em suas petições, a comunicação deve ser realizada diretamente às partes e/ou ao Juízo.

A prova pericial no âmbito da perícia judicial em TI refere-se a um conjunto de atividades e análises conduzidas por um perito com o objetivo de fornecer informações técnicas e esclarecimentos ao processo judicial. Portanto, a prova pericial corresponde à soma dos fatos apurados que geraram a confirmação no processo. A fim de analisar o que a prova pericial contempla, o Art. 464 da Lei nº 13.105/15 aponta:

> Art. 464. A prova pericial consiste em exame, vistoria ou avaliação.
>
> § 1º O juiz indeferirá a perícia quando:
> I – a prova do fato não depender de conhecimento especial de técnico;
> II – for desnecessária em vista de outras provas produzidas;
> III – a verificação for impraticável.
>
> § 2º De ofício ou a requerimento das partes, o juiz poderá, em substituição à perícia, determinar a produção de prova técnica simplificada, quando o ponto controvertido for de menor complexidade.
> § 3º A prova técnica simplificada consistirá apenas na inquirição de especialista, pelo juiz, sobre ponto controvertido da causa que demande especial conhecimento científico ou técnico.
> § 4º Durante a arguição, o especialista, que deverá ter formação acadêmica específica na área objeto de seu depoimento, poderá valer-se de qualquer

recurso tecnológico de transmissão de sons e imagens com o fim de esclarecer os pontos controvertidos da causa.

Para a execução, o perito deve ater-se ao objeto e ao lapso temporal da perícia a ser realizada. O perito deve manter registro dos locais e datas das diligências, nome das pessoas que o atender, livros e documentos ou coisas vistoriadas, examinadas ou arrecadadas, dados e particularidades de interesse da perícia, rubricando a documentação examinada, quando julgar necessário e possível, juntando o elemento de prova original, cópia ou certidão.

Mediante termo de diligência, o perito deve solicitar por escrito todos os documentos e informações relacionadas ao objeto da perícia, fixando o prazo para entrega. A eventual recusa no atendimento a diligências solicitadas ou qualquer dificuldade na execução do trabalho pericial deve ser comunicada, com a devida comprovação ou justificativa, ao juízo.

A execução da perícia, quando incluir a utilização de equipe técnica, deve ser realizada sob a orientação e supervisão do perito do juízo, que assume a responsabilidade pelos trabalhos, devendo assegurar-se de que as pessoas contratadas sejam profissionais e legalmente capacitadas à execução.

Essa forma de prova é crucial em casos em que há questões relacionadas a aspectos tecnológicos e onde o conhecimento técnico especializado é essencial para a tomada de decisões judiciais. Por intermédio da prova pericial, se obtêm percepções e se realizam apurações. O objetivo disso é apresentar e comprovar os fatos que interessam ao litígio, os motivos ou consequências desses acontecimentos, assim como a explicação dos mesmos.

O juiz poderá dispensar a prova pericial se, na fase inicial, as partes envolvidas confirmarem e demonstrarem a comprovação dos fatos relatados. Devem fazer isso por meio de pareceres técnicos ou documentação verídica que o juiz considere suficientes.

O Art. 479 da Lei nº 13.105/15, evidencia que o juiz apreciará a prova pericial declarando na sentença as causas que o levaram a acatar ou não as considerações finais do laudo, levando em conta o procedimento usado pelo perito.

6.10. Petições

Conforme Guimarães (2013), petição é o "requerimento, postulação, pedido escrito, encaminhado à autoridade judiciária ou a outro agente do Poder Público". Petições judiciais são documentos apresentados pelo perito e pelas partes envolvidas em um processo legal. Elas são essenciais para a comunicação entre as partes, advogados e o próprio tribunal durante o curso de um caso. As petições são uma forma de expressar formalmente os argumentos legais, solicitações, defesas ou qualquer outra informação relevante relacionada a um processo judicial.

A petição inicial é o documento jurídico que inicia o processo judicial. Ela é apresentada pelo autor ao tribunal e tem como objetivo expor os fatos que fundamentam o pedido, indicar as partes envolvidas, apresentar as provas que pretende produzir e requerer a providência jurisdicional desejada. Ela é crucial para instaurar o processo judicial e serve como base para que o réu apresente sua defesa.

O perito poderá, sempre que se fizer necessário, apresentar petições intermediárias (ou incidentais) para abordar questões específicas que surgem, como pedidos de liminares, produção antecipada de provas, o próprio laudo pericial, entre outros. É importante destacar que a redação de petições pelo perito deve seguir as diretrizes do tribunal e tais documentos devem estar em conformidade com as normas jurídicas vigentes para garantir a eficácia de sua contribuição ao processo judicial.

É importante ressaltar que os procedimentos e a nomenclatura exata das petições podem variar de acordo com a legislação ou as práticas judiciais de cada jurisdição. Alguns tipos de petições que um perito pode apresentar usualmente incluem:

- **Petição de aceite:** Quando um perito é designado pelo juiz para realizar uma perícia em um caso judicial, ele recebe uma notificação ou intimação oficial informando sobre a nomeação. O perito, ao receber essa notificação, precisa formalmente aceitar a nomeação, comprometendo-se a desempenhar suas funções de maneira imparcial e técnica.

- **Petição de nomeação:** Caso não tenha sido nomeado oficialmente, o perito poderá apresentar uma petição solicitando sua nomeação para atuar no processo específico, explicando sua expertise e relevância para o caso.
- **Pedido de documentação:** O perito pode solicitar à parte interessada ou a terceiros a apresentação de documentos relevantes para a análise pericial. Isso pode incluir registros, relatórios, contratos, entre outros.
- **Pedido de esclarecimentos:** Caso o perito identifique lacunas ou ambiguidades nas informações fornecidas, ele pode apresentar uma petição solicitando esclarecimentos adicionais às partes envolvidas.
- **Pedido de prorrogação de prazo:** Se o perito precisar de mais tempo para concluir sua análise, ele pode apresentar uma petição solicitando uma prorrogação de prazo ao juiz.
- **Pedido de auxílio técnico:** Em casos complexos, o perito pode solicitar a colaboração de outros especialistas ou assistentes técnicos para fornecer informações adicionais ou auxílio em áreas específicas.
- **Pedido de sigilo ou restrição de acesso:** Se houver a necessidade de proteger informações sensíveis durante o processo pericial, o perito pode apresentar uma petição solicitando sigilo ou restrição de acesso a determinados dados.
- **Pedido de audiência específica:** Caso o perito julgue necessário, ele pode solicitar uma audiência específica para apresentar suas conclusões, esclarecer pontos técnicos ou responder a perguntas das partes envolvidas.
- **Pedido de substituição ou adição:** Em circunstâncias excepcionais, o perito pode solicitar sua substituição ou a adição de outro perito, justificando a necessidade com base em questões técnicas, de conflito de interesse ou outros motivos relevantes.
- **Pedido de honorários:** Documento utilizado para solicitar a fixação, arbitramento ou pagamento de honorários profissionais. Esses honorários representam a remuneração devida ao perito pelos serviços prestados em um processo judicial.
- **Pedido de diligência:** Documento apresentado pelo perito visando conduzir uma vistoria em determinado local, objeto ou situação relacionada ao

processo judicial. Essa petição tem como objetivo formalizar o pedido de autorização para realizar a vistoria, a fim de coletar informações adicionais que auxiliarão na elaboração do laudo pericial.

Neste livro, em anexos, o leitor poderá encontrar exemplos das petições citadas aqui, bem como outros documentos úteis nos processos judiciais.

6.11. Termo de Diligência

O termo de diligência no contexto da perícia judicial em TI refere-se a um documento formal em que o perito emite solicitações específicas de informações, documentos ou ações necessárias para a realização da perícia. Esse termo é uma ferramenta importante que permite ao perito obter os recursos e dados necessários para conduzir uma análise completa e imparcial.

Serve também para determinar o local, a data e a hora do início da perícia, e ainda para a execução de outros trabalhos que tenham sido a ele determinados ou solicitados por quem de direito, desde que tenham a finalidade de orientar ou colaborar nas decisões judiciais ou extrajudiciais.

O termo de diligência deve ser redigido pelo perito, ser apresentado diretamente à parte, a seu procurador ou terceiro, por escrito e juntado ao laudo. O perito deve observar os prazos a que está obrigado por força de determinação legal e, dessa forma, definir o prazo para o cumprimento da solicitação pelo diligenciado.

Caso ocorra a negativa da entrega dos elementos de prova formalmente requeridos, o perito deve se reportar diretamente a quem o nomeou ou indicou, narrando os fatos e solicitando as providências cabíveis.

Na área de TI, o termo de diligência é um instrumento que busca assegurar que o perito tenha as condições necessárias para realizar uma análise técnica completa e imparcial, contribuindo assim para a produção de uma prova pericial robusta e fundamentada. Aqui estão alguns pontos relevantes sobre o termo de diligência na perícia judicial em TI:

- O termo de diligência detalha as ações específicas que o perito precisa realizar para cumprir com sucesso sua função, levando em consideração as características técnicas do caso em questão;
- Pode incluir pedidos para fornecimento de documentos relacionados a sistemas, softwares, registros de atividades, políticas de segurança, entre outros;
- Pode solicitar acesso a ambientes físicos e lógicos relevantes, como salas de servidores, dispositivos de armazenamento, redes, entre outros;
- Pode incluir a solicitação para entrevistar testemunhas, funcionários ou pessoas relevantes para obter informações adicionais sobre o caso;
- Especifica prazos para o cumprimento das diligências e as formas pelas quais as partes devem responder às solicitações do perito;
- Pode conter cláusulas relacionadas à confidencialidade e ao sigilo das informações fornecidas, garantindo a proteção adequada dos dados sensíveis;
- Incentiva a colaboração entre as partes envolvidas no processo judicial para garantir que as diligências sejam realizadas de maneira eficiente e completa;
- Pode permitir revisões e atualizações do termo de diligência à medida que novas informações ou circunstâncias surgem durante o curso da perícia.

6.11.1. Estrutura do Termo de Diligência

A estrutura de um termo de diligência na perícia de TI pode variar dependendo da complexidade do caso e das informações específicas necessárias. No entanto, uma estrutura básica pode incluir os seguintes elementos:

1. Identificação
   1.1 Título;
   1.2 Número do processo judicial;
   1.3 Identificação completa do perito responsável.

2. Introdução
   2.1 Contextualização breve do caso e da necessidade das diligências;

2.2 Referência às nomeações e decisões judiciais relevantes.

3. Objetivo da diligência

3.1 Declaração clara dos objetivos específicos a serem alcançados por meio das diligências.

4. Descrição detalhada das diligências

4.1 Listagem clara e detalhada de cada diligência a ser realizada;

4.2 Inclusão de solicitações específicas de documentos, informações, acesso a sistemas, entrevistas etc. Pode ser dividido por categorias, como documentação, acesso físico, acesso lógico e outros.

5. Prazos

5.1 Estabelecimento de prazos claros para a execução de cada diligência;

5.2 Inclusão de datas específicas para a entrega de documentos, realização de entrevistas, acesso a sistemas, entre outros.

6. Sigilo e confidencialidade

6.1 Declaração sobre a importância do sigilo e da confidencialidade das informações obtidas durante as diligências;

6.2 Instruções sobre como as partes devem tratar as informações sensíveis.

7. Colaboração entre as partes

7.1 Incentivo à cooperação entre as partes envolvidas para garantir o sucesso das diligências;

7.2 Indicação de um ponto de contato para cada parte, caso haja necessidade de esclarecimentos adicionais.

8. Atualizações e revisões

8.1 Provisões para atualizações ou revisões do termo de diligência, se necessário, à medida que o caso progride.

9. Assinaturas e aceitação
   9.1 Espaço para assinaturas do perito responsável e das partes envolvidas, indicando a aceitação do termo de diligência.

10. Anexos
    10.1 Inclusão de anexos relevantes, como modelos de documentos solicitados, formulários de entrevistas, entre outros.

Ao elaborar um termo de diligência, é importante que ele seja claro, específico e alinhado com as necessidades do caso. A colaboração entre o perito e as partes envolvidas é crucial para assegurar que as diligências sejam conduzidas de maneira eficiente e que todas as informações necessárias sejam obtidas.

Capítulo 7

HONORÁRIOS PERICIAIS

"Pensar no dinheiro e depois no cliente nunca dará certo, mas se você amar o que faz e pensar primeiro no cliente, o sucesso virá"
Humberto Vallim

Honorários são as remunerações oferecidas em pagamento a serviços prestados por profissionais autônomos que executam atividades de conhecimento específico. Ao firmar compromisso com o juiz e as partes, pela apresentação da proposta de honorários, o perito deve conhecer bem o processo.

7.1. A Questão Financeira

A questão financeira relacionada aos depósitos de honorários periciais pode afetar significativamente as partes envolvidas em um litígio. É importante que as partes estejam cientes dos custos envolvidos e se preparem para eles durante o processo judicial. No Art. 95, cada parte adiantará a remuneração do assistente técnico que houver indicado, sendo a do perito adiantada pela parte que houver requerido a perícia ou rateada quando a perícia for determinada de ofício ou requerida por ambas as partes.

Os honorários periciais são a contraprestação devida ao perito judicial pelo seu papel cumprido, para o qual ele foi nomeado pelo juiz. O perito, na fase do planejamento, com vistas a elaborar a Proposta de Honorários, deve avaliar os riscos decorrentes das suas responsabilidades e todas as despesas e custos inerentes. Também deve ressaltar que, na hipótese de apresentação de quesitos suplementares, poderá estabelecer honorários complementares.

O Código de Processo Civil ou mesmo os conselhos profissionais não conceituaram os honorários profissionais. O CPC introduziu, em alguns artigos, o seu ordenamento e os conselhos profissionais apenas se limitaram à normatização para os profissionais que atuam na atividade pericial.

> Art. 20, A sentença condenará o vencido a pagar ao vencedor as despesas que antecipou e os honorários advocatícios. Essa verba honorária será devida, também, nos casos em que o advogado funcionar em causa própria.
>
> § 1º – O juiz, ao decidir qualquer incidente ou recurso, condenará nas despesas o vencido.
>
> § 2º - As despesas abrangem não só as custas dos atos do processo, como também a indenização de viagem, diária de testemunha e remuneração ao assistente técnico.
>
> § 3º – Os honorários serão fixados entre o mínimo de dez por cento (10%) e o máximo de vinte por cento (20%) sobre o valor da condenação, atendidos:

a) O grau de zelo do profissional;

b) O lugar de prestação de serviços;

c) A natureza e importância da causa, o trabalho realizado pelo advogado e o tempo exigido para o seu serviço.

§ 4º - Nas causas de pequeno valor (...) *redação dada pela Lei nº 8952, de 13/12/1994).

§ 5º – Nas nações de indenizações por ato político contra pessoa, (...)

7.2. Honorários Judicial e Extrajudicial

Os honorários periciais são divididos em dois enfoques. O primeiro na função judicial e o segundo na extrajudicial. Caso os honorários sejam formulados pelo juiz e/ou pelas partes (justiça gratuita, por exemplo), pode haver incidência de honorários complementares a serem requeridos, observando os mesmos critérios adotados na elaboração da proposta inicial. O perito pode requerer a liberação parcial dos honorários quando julgar necessário para o custeio de despesas durante a realização dos trabalhos de perícia.

Conforme versam o Art. 82 ao Art. 88, do NCPC, salvo as disposições concernentes à gratuidade da justiça, cabe às partes arcar com as despesas de seus atos. As despesas abrangem custas dos atos do processo, a indenização de viagem, a remuneração do assistente técnico e a diária de testemunha. O pagamento deverá ser realizado, desse modo, antecipadamente. E a regra abrange o processo em sua totalidade. Ou seja, da petição inicial à sentença final ou adimplemento da obrigação, como na execução.

O perito tem 5 dias para apresentar proposta de honorários, a contar da data da nomeação pelo Juiz. A prova pericial somente será produzida se a parte solicitante concordar com os honorários. Caso contrário, ou a perícia não será realizada ou a parte terá que depositar os honorários mesmo discordando, sob pena de desistência da prova pericial. O Juiz pode autorizar pagamento de até 50% dos honorários no início dos trabalhos, e o remanescente ao final, depois de entregue o laudo e prestados os esclarecimentos. Quando o resultado da perícia for considerado inconclusivo ou deficiente, o Juiz poderá reduzir a remuneração inicialmente arbitrada para o trabalho e, caso seja substituído, o perito restituirá os valores recebidos pelo trabalho não realizado. Não ocorrendo a restituição, a parte que adiantou os honorários pode promover execução contra o perito e este também poderá ficar impedido de exercer a atividade de perito por 5 anos.

Também está definido no NCPC que a contratação e o pagamento do assistente técnico são de responsabilidade das partes. A sua remuneração ocorre por meio de pagamento de honorários, sempre pela parte contratante. Conforme o Art. 95 do NCPC, cada parte adiantará a remuneração do assistente técnico que houver indicado, sendo a do perito adiantada pela parte que houver requerido a perícia ou rateada quando a perícia for determinada de ofício ou requerida por ambas as partes.

A Resolução 232, de 13/07/2016, do CNJ, fixa os valores dos honorários a serem pagos aos peritos, no âmbito da Justiça de primeiro e segundo graus, nos termos do disposto no art. 95, § 3º, II, do Código de Processo Civil – Lei 13.105/2015: "O magistrado, em decisão fundamentada, arbitrará os honorários do profissional ou do órgão nomeado para prestar os serviços nos termos desta Resolução, observando-se, em cada caso:

I. a complexidade da matéria;

II. o grau de zelo e de especialização do profissional ou do órgão;

III. o lugar e o tempo exigidos para a prestação do serviço;

IV. as peculiaridades regionais.

Um dos maiores problemas encontrados pelo perito, já no início das atividades periciais, é o de planejar e oferecer seus honorários por meios de uma proposta clara, com planejamento das horas e que venha atender às partes. Na proposta dos honorários, o perito deve considerar os seguintes fatores:

- **Relevância:** Deve ser entendida como a importância da perícia no contexto social e sua essencialidade para dirimir as dúvidas de caráter técnico contábil, suscitadas em demanda judicial ou extrajudicial;

- **Vulto:** O valor da causa no que se refere ao objeto da perícia, dimensão determinada pelo volume de trabalho e a abrangência das áreas de conhecimento técnico envolvidas;
- **Risco:** Compreende a possibilidade de os honorários periciais não serem integralmente recebidos, o tempo necessário ao recebimento, bem como a antecipação das despesas necessárias à execução do trabalho de perícia;
- **Complexidade:** Refere-se a dificuldade técnica para a realização do trabalho pericial em decorrência do grau de especialização exigido, a dificuldade em obter os elementos necessários para a fundamentação do laudo pericial contábil e ao tempo transcorrido entre o fato a ser periciado e a realização da perícia judicial;
- **Horas de trabalho:** Estimativa do tempo despendido para a realização da perícia judicial, mensurado em horas trabalhadas pelo perito do juízo, quando aplicável;
- **Pessoal técnico:** Auxiliares que integram a equipe de trabalho do perito, estando os mesmos sob sua orientação direta e inteira responsabilidade;
- **Prazo determinado:** Considerar eventual exiguidade do tempo que requeira dedicação exclusiva do perito e da sua equipe para a execução do trabalho.
- **Prazo médio para liquidação:** Compreende o tempo necessário para recebimento dos honorários;
- **Reajuste e parcelamento de honorários:** Quando couber.

A Tabela 4, aborda a proposta e o pagamento de honorários periciais, desde a elaboração da proposta até o registro e prestação de contas, incorporando a interação com o juiz e as partes envolvidas no processo judicial.

Tabela 1 - Fluxo da proposta até o pagamento dos honorários

Etapa	Descrição
Nomeação do Perito	O perito é nomeado pelo juiz para atuar no processo.
Análise do Caso	O perito avalia a complexidade do caso, considerando a natureza do trabalho a ser realizado e a quantidade de tempo envolvida.
Elaboração da Proposta	Com base na análise, o perito prepara uma proposta de honorários, considerando o escopo do trabalho, as normas vigentes e o valor usualmente praticado na área.
Apresentação da Proposta	A proposta de honorários é formalmente apresentada às partes envolvidas e ao juiz, explicando os detalhes do escopo e os critérios utilizados para a determinação dos honorários.
Aceitação ou Negociação	As partes envolvidas e o juiz avaliam a proposta. Pode haver negociação ou discussão sobre a adequação dos valores propostos.
Aprovação pelo Juiz	O juiz aprova a proposta de honorários após considerar a adequação dos valores e a complexidade do caso.
Comunicação às Partes	As partes envolvidas são informadas sobre a aprovação dos honorários e qualquer acordo alcançado.
Início do Trabalho Pericial	Com a aprovação dos honorários, o perito inicia o trabalho pericial conforme estabelecido na proposta.
Relatório Intermediário (Opcional)	Se necessário, o perito pode apresentar relatórios intermediários sobre o andamento do trabalho.
Conclusão do Laudo	O perito conclui o laudo pericial e o apresenta ao juiz e às partes envolvidas.
Pagamento dos Honorários	Após a conclusão do trabalho, as partes efetuam o pagamento dos honorários periciais conforme aprovado pelo juiz e estabelecido na proposta.
Registro e Prestação de Contas	O perito registra formalmente os honorários recebidos e fornece prestação de contas, se necessário, conforme as normas estabelecidas.

7.3. Depósito dos Honorários Periciais

Compete ao perito definir seus honorários e para determinar o valor, deverá se basear na hora técnica recomendada e homologada pelo órgão técnico ao qual estiver vinculado ou utilizar os parâmetros (súmulas) do Tribunal de Justiça do estado onde atua.

O valor dos honorários deverá ser repassado no início do trabalho pericial para que o valor seja avaliado pelo juiz e pelas partes, se está de acordo com o trabalho que será realizado. Fará isso por meio de uma petição, onde demonstrará os cálculos dos custos do seu trabalho. Na petição, deverá apresentar um planejamento resumido do trabalho. Precisa também mostrar a complexidade técnica da prova e a quantidade de trabalho. Assim, justificará e embasará o valor que está requerendo.

A Tabela 5, apresenta um exemplo para os cálculos de honorários periciais.

Tabela 2 - Cálculo dos honorários periciais

ITEM	CUSTOS DA PERÍCIA			SUBTOTAIS
		PREVISÃO	**R$/HORA**	
1	Retirada e entrega dos autos do processo	1	R$ 80,00	R$ 80,00
2	Leitura e interpretação do processo	1	R$ 80,00	R$ 80,00
3	Planejamento dos trabalhos de perícia	2	R$ 80,00	R$ 160,00
4	Elaboração de petições para solicitar informações e documentos	2	R$ 80,00	R$ 160,00
5	Realização de diligências e exame de documentos	8	R$ 80,00	R$ 640,00
6	Pesquisa em livros e documentação técnica pertinente	8	R$ 80,00	R$ 640,00

7	Realização de cálculos, simulações e análises de resultados	3	R$ 80,00	R$ 240,00
8	Preparação de anexos, estruturação e montagem do laudo	2	R$ 80,00	R$ 160,00
9	Reuniões com as partes e/ou com terceiros	4	R$ 80,00	R$ 320,00
10	Redação do laudo	4	R$ 80,00	R$ 320,00
11	Revisão final do laudo	2	R$ 80,00	R$ 160,00
12	**TOTAL 1**	**37**	**R$ 880,00**	**R$ 2.960,00**
13	Bilhetes de passagem		R$ 4.000,00	
14	Alimentação e hospedagem		R$ 320,00	
15	**TOTAL 2**		**R$ 4.320,00**	
TOTAL DOS HONORÁRIOS (1 + 2)				**R$ 7.280,00**

Ao receber a petição, o juiz poderá aceitar o valor dos honorários do perito. Conforme o artigo 465, § 3º, do NCPC, o juiz intimará as partes para verificarem a proposta de honorários. Querendo, elas podem se manifestar no prazo comum de cinco dias. Após, o juiz arbitrará o valor dos honorários periciais. Caso as partes impugnem o valor da pretensão de honorários, o juiz irá analisar as justificativas e decidir se concorda ou não, podendo solicitar a redução do valor ao perito ou fixar o valor mesmo assim.

Logo que o valor dos honorários periciais for aceito, o juiz informará à parte que requereu a perícia para depositar o valor referido. Caso a prova pericial seja determinada de ofício, ou requerida por ambas às partes, a mesma será rateada por todos os envolvidos.

Os honorários são pagos mediante depósito judicial e este pode assumir três formas: integral, prévio e complementar.

7.3.1 Depósito Integral

É comum que as partes envolvidas em um litígio de natureza complexa ou técnica sejam obrigadas a fazer um depósito prévio para cobrir os honorários periciais. O depósito integral ocorre quando, após a intimação do perito para o oferecimento da pretensão honorária, as partes efetuam o depósito do valor integral proposto pelo perito.

Em alguns casos, se a parte que fez o depósito prévio sair vitoriosa no processo, poderá buscar o reembolso dos valores depositados.

7.3.2. Depósito Prévio

Há situações em que o perito poderá realizar apenas uma estimativa inicial dos honorários periciais, a qual poderá ser revista após a apresentação de quesitos pelas partes ou de fato novo que demande uma complementação da perícia.

Mediante o depósito prévio dos 50% dos honorários devidos, o juiz pode liberar o valor no início dos trabalhos do perito. Na ausência de depósito prévio, os honorários definitivos são depositados no prazo determinado pelo juiz em sua integralidade. Não havendo, assim, que se falar em depósito complementar neste caso, e sim no depósito integral. Caso haja o depósito integral, os demais 50% somente serão liberados ao final do trabalho.

7.3.3. Depósito Complementar

Fatos novos ou novos quesitos acarretarão a necessidade de complementação do valor dos honorários inicialmente apresentados. Haverá a determinação judicial para que seja feito o depósito prévio do valor dos honorários inicialmente estimados pelo perito. Após a apresentação dos honorários complementares, haverá determinação judicial para depósito complementar dos mesmos. A soma de ambos resultará no valor dos honorários definitivos.

Para fins da apuração do valor complementar dos honorários periciais é feita a atualização monetária dos honorários depositados previamente. Somente após é calculada a diferença a partir do valor dos honorários devidos em sua totalidade.

7.4. Justiça Gratuita

Outra forma de pagamento dos honorários periciais estabelecida pelo NCPC é a da assistência judiciária gratuita. O Art. 98, do NCPC, determina que a assistência judiciária gratuita é para a pessoa natural ou jurídica, brasileira ou estrangeira, com insuficiência de recursos para pagar as custas, as despesas processuais e os honorários advocatícios.

Quando a parte é beneficiária da gratuidade de justiça, os honorários periciais podem ser custeados pelo Poder Judiciário. Em casos nos quais a parte é considerada hipossuficiente e obtém a assistência judiciária gratuita, o Estado assume o ônus dos custos do processo, incluindo eventuais honorários periciais. Portanto, quando a parte perdedora é beneficiária da gratuidade de justiça, o Poder Judiciário é o responsável por arcar com os custos dos honorários periciais, caso esses sejam devidos no processo. Essa prática visa garantir o acesso à justiça mesmo para aquelas partes que não têm condições financeiras de arcar com as despesas processuais.

7.5. Requisição dos Honorários Devidos

Depois de entregar o laudo pericial, o perito deverá requerer, por meio de petição, o levantamento dos honorários devidos. Após analisar a petição, o juiz irá autorizar essa movimentação financeira. Assim, liberará um documento chamado de alvará de levantamento. Ele é uma ordem de pagamento ao banco para liberar o valor depositado.

Caso o juiz entenda que a perícia foi inconclusiva, ele poderá reduzir o valor dos honorários inicialmente arbitrados para o trabalho. E, se por algum motivo, o perito for substituído, ele deverá restituir em 15 dias os valores recebidos pelo trabalho não realizado, sob pena de execução contra si (art. 468, § 2º).

Capítulo 8

FORENSE COMPUTACIONAL

"Tudo o que a sua mão encontrar para fazer, faça-o com todo o seu coração"
Salomão

A Forense Computacional, também conhecida como Computação Forense ou Cibernética Forense, entre outras designações, é um campo da ciência forense que se concentra na coleta, análise e preservação de evidências digitais para investigações criminais e questões legais. Trata-se de ferramenta essencial para o perito em TI, oferecendo uma gama de aplicações em investigações digitais, coleta de evidências e análise de incidentes.

8.1 Motivações da Forense Computacional

Para Eleutério e Machado (2011), "a Computação Forense tem como objetivo principal determinar a dinâmica, a materialidade e a autoria de ilícitos ligados à área de informática, tendo como questão principal a identificação e o processamento de evidências digitais em provas materiais de crimes, por meio de métodos técnico-científicos, conferindo-lhes validade probatória em juízo".

O desenvolvimento da forense computacional foi motivado por uma série de fatores relacionados à crescente dependência da sociedade e das organizações em Tecnologias de Informação e Comunicação (TIC's). Com o uso exponencial da tecnologia e da conectividade, houve um aumento significativo nos crimes cibernéticos, como *hacking*, fraudes online, roubo de dados e outros delitos cometidos por meio de sistemas computacionais. A forense computacional surgiu como uma resposta a essa nova categoria de crimes.

À medida que mais atividades cotidianas migraram para o ambiente digital, tornou-se essencial desenvolver métodos para investigar atividades criminosas que envolvem o uso de computadores, dispositivos móveis e redes de comunicação. A forense computacional atende a essa necessidade, fornecendo técnicas para coleta, análise e preservação de evidências digitais. Conforme Galvão (2013), "A perícia forense é o suporte técnico ao judiciário, realizado preferencialmente por pessoas com formação e capacidade para isso nas mais diversas áreas do conhecimento, para a resposta a quesitos para os quais o judiciário não dispõe de embasamento suficiente para julgar com precisão".

8.2. Evidência Digital

Evidência digital refere-se a qualquer informação armazenada ou transmitida em formato eletrônico que pode ser usada como prova em uma investigação. Segundo Farmer e Venema (2007), "A análise forense de um sistema envolve um ciclo de coleta de dados e processamento das informações coletadas". Isso inclui dados

em computadores, dispositivos de armazenamento eletrônico, redes de comunicação, mídias sociais, e-mails, entre outros.
São formas comuns de evidências digitais:

- Documentos eletrônicos como e-mails, documentos de texto, planilhas, apresentações etc.
- Arquivos Multimídia, como fotos, vídeos, gravações de áudio.
- Registros de atividade digital, como logs de sistemas, registros de eventos, registros de transações.
- Metadados, as informações adicionais sobre os dados, como data e hora de criação, modificação etc.
- Informações de operação de redes de computadores, como logs de tráfego de rede, registros de conexão, endereços IP, entre outros.

A evidência digital é peça fundamental na forense computacional e usada pelos especialistas em forense digital para reconstruir eventos, identificar culpados e apresentar informações válidas em processos legais.
A coleta de evidências envolve várias etapas e técnicas:

- **Coleta:** Os investigadores coletam dados de dispositivos digitais, como computadores, servidores, smartphones e dispositivos de armazenamento. Isso pode incluir arquivos, registros de sistema, metadados e comunicações.
- **Identificação e preservação:** O primeiro passo é identificar e isolar as evidências digitais relevantes, garantindo que não sejam alteradas ou destruídas. A preservação é crucial para manter a integridade das evidências.
- **Análise:** As evidências são examinadas para identificar padrões, relações e informações relevantes. Ferramentas forenses são frequentemente utilizadas para extrair dados e reconstruir atividades digitais.
- **Interpretação:** Os resultados da análise são interpretados em contexto, considerando o propósito da investigação. Os investigadores procuram entender as circunstâncias em torno das atividades digitais em questão.

- **Documentação:** Todas as etapas do processo são documentadas de forma detalhada para criar um registro forense. Isso é essencial para apresentar evidências em tribunal e garantir a admissibilidade legal.
- **Relatório:** Um relatório forense é elaborado, apresentando as descobertas de maneira clara e compreensível. Isso inclui a explicação da metodologia utilizada, resultados da análise e conclusões.

8.3. Cadeia de Custódia

A evidência digital segue um protocolo rigoroso chamado "cadeia de custódia". Trata-se de um procedimento documentado que rastreia o manuseio, a posse e o controle de evidências físicas ou digitais ao longo do tempo, desde a sua descoberta até a sua apresentação no tribunal. Ainda, quanto à cadeia de custódia, Galvão (2013), reforça "o registro detalhado de todos os passos, pessoas, ambientes, mídias e informações direta ou indiretamente relacionadas à perícia é fundamental para instrumentar o processo e dar suporte a investigações ou contestações posteriores sem que todo o processo pericial necessite ser novamente realizado". Isso significa que devem existir registros documentados de quem teve acesso às evidências, quando e por quê. O registro da cadeia de custódia é frequentemente apresentado em tribunal como parte do processo legal para demonstrar que a evidência foi manuseada de maneira apropriada e que sua integridade foi mantida.

A cadeia de custódia é crucial para garantir a admissibilidade da evidência em um tribunal. É crítico para garantir a integridade e autenticidade da evidência, assegurando que ela não tenha sido alterada, contaminada ou comprometida durante a coleta e a análise. Ela deve estabelecer um registro ininterrupto e documentado de todos os indivíduos que tiveram contato com a evidência. Isso inclui a identificação de quem, quando, onde e por que a evidência foi manipulada.

Farmer e Venema (2007) salientam que "Certamente, todo cuidado e planejamento devem ser utilizados ao coletar informações de um sistema em execução". Ou seja, todos os passos envolvidos na manipulação das evidências devem ser documentados cuidadosamente e de maneira detalhada, e cada item de evidência identificado de forma clara e inequívoca. Isso pode envolver a atribuição de um número de caso, a descrição detalhada da evidência, a marcação física ou digital ou outros meios de identificação.

Cada transferência de posse da evidência deve ser registrada. Isso inclui quem entregou, quem recebeu, a data e a hora da transferência, e quaisquer condições especiais ou considerações relevantes. A evidência é mantida em um local seguro e controlado para evitar danos, contaminação ou acesso não autorizado.

A segurança do local de armazenamento é fundamental para preservar a integridade da evidência. Apenas pessoas autorizadas têm acesso à evidência, e qualquer acesso é registrado. Isso ajuda a rastrear quem teve contato com a evidência e quando.

Se houver a necessidade de realizar testes ou análises que possam modificar a evidência (por exemplo, testes laboratoriais), essas mudanças devem ser devidamente registradas. É crucial distinguir entre alterações planejadas e qualquer alteração não autorizada.

Quando a evidência precisa ser transportada de um local para outro, esse processo é cuidadosamente documentado. Isso inclui a embalagem adequada, a escolta de segurança, e o registro de quem está responsável pela evidência durante o transporte. A falha em seguir os procedimentos adequados da cadeia de custódia pode levar à impugnação da evidência, tornando-a inadmissível em tribunal. Portanto, é crucial que todos os envolvidos na manipulação da evidência sigam os procedimentos estabelecidos.

8.4. O Perito em Forense Computacional

O perito judicial em forense computacional é um profissional de TI especializado nessa área e que deve possuir competências técnicas, entendimento jurídico e ética profissional. É essencial que esse especialista demonstre, além dos conhecimentos técnicos em computação, conhecimento das leis relacionadas à tecnologia da informação e da legislação específica sobre crimes cibernéticos. Uma compreensão dos processos judiciais é crucial para atuar efetivamente como perito em contextos legais.

Dada a natureza dinâmica da tecnologia, os peritos em forense computacional enfrentam constantes desafios para se manterem atualizados com as últimas tendências e desenvolvimentos no campo da cibersegurança.

8.5. Aplicações da Forense Computacional

A forense computacional é aplicada em uma variedade de contextos, incluindo investigações criminais, disputas legais, segurança da informação e conformidade regulatória. Peritos em TI que dominam a forense computacional prestam assistência pericial em processos judiciais, apresentando laudos técnicos que explicam as evidências digitais de maneira compreensível para o tribunal. Algumas possíveis aplicações da Forense Computacional no âmbito judicial:

8.5.1. Interceptação Judicial de Dados

Criminosos digitais empregam técnicas complexas para evitar que sejam detectados enquanto se infiltram em redes corporativas ou pessoais a fim de roubar propriedade intelectual ou reter arquivos para pedir resgate e, muitas vezes, as ameaças são criptografadas para fugir da detecção e localização.

A forense computacional é frequentemente utilizada para investigar crimes cibernéticos, nos quais a interceptação de dados ilícitos pode ter ocorrido. Os especialistas em forense computacional examinam sistemas, dispositivos e redes para identificar evidências de atividades maliciosas, incluindo a interceptação não autorizada de dados. A interceptação judicial de dados é uma prática complexa e sensível que envolve a obtenção e monitoramento de comunicações eletrônicas, como mensagens de texto, e-mails e chamadas telefônicas, mediante autorização judicial. Essa medida é frequentemente empregada em investigações criminais para reunir evidências relevantes e contribuir para a aplicação da lei.

O cerne desse processo está na necessidade de equilibrar a investigação eficaz com a preservação dos direitos individuais à privacidade. O uso da interceptação judicial de dados é um poderoso instrumento nas mãos das autoridades legais, mas seu emprego requer procedimentos rigorosos para evitar abusos e garantir que os direitos fundamentais dos cidadãos sejam respeitados.

8.5.2. Investigação de Crimes Cibernéticos

Peritos em TI podem aplicar técnicas de forense computacional para investigar crimes cibernéticos, como invasões de sistemas, roubo de dados, phishing e outros delitos digitais. Eles analisam registros de sistemas, logs de rede e outros artefatos digitais para identificar evidências de atividades maliciosas.

8.5.3. Análise de Incidentes de Segurança

A forense computacional é utilizada para investigar e analisar incidentes de segurança, incluindo violações de dados. Peritos em TI examinam sistemas comprometidos para identificar a origem do incidente, a extensão do comprometimento e as técnicas utilizadas pelos invasores.

8.5.4. Recuperação de Dados e Reconstrução de Sistemas

Em casos de perda de dados, falhas em sistemas ou destruição intencional de informações, os peritos em TI utilizam técnicas de forense computacional para recuperar e reconstruir dados. Isso é crucial para entender eventos passados e restaurar a integridade de sistemas comprometidos.

8.5.5. Análise de Malwares

Peritos em TI aplicam a forense computacional para analisar malwares, identificando seu comportamento, origem e métodos de propagação. Essa análise é crucial para desenvolver contramedidas e proteger sistemas contra ameaças digitais.

8.5.6. Auditoria e Conformidade

A forense computacional é usada para auditorias de segurança e conformidade de sistemas de informação. Os peritos em TI examinam sistemas e redes para garantir que as práticas de segurança estejam em conformidade com políticas internas e regulamentações externas.

8.5.7. Investigação de Uso Indevido de Recursos Tecnológicos

Casos de uso indevido de recursos tecnológicos, como uso inadequado da Internet no ambiente de trabalho, podem ser investigados utilizando técnicas de forense computacional. Os peritos em TI podem rastrear atividades, identificar usuários e documentar evidências para fins disciplinares ou legais.

8.5.8. Prevenção de Fraudes Eletrônicas

A forense computacional desempenha um papel vital na detecção e prevenção de fraudes eletrônicas. Os peritos em TI podem analisar transações digitais, registros de sistemas e comunicações eletrônicas para identificar padrões suspeitos e evidências de atividades fraudulentas.

Capítulo 9

EXPRESSÕES JURÍDICAS

"Nós somos o que fazemos repetidamente; por isso, a excelência é um hábito, não uma atitude"
Aristóteles

Ao redigir laudos periciais em tecnologia da informação, o perito judicial pode usar várias expressões jurídicas para comunicar suas conclusões de maneira precisa e alinhada com o contexto legal. Essas expressões ajudam a construir um laudo pericial que seja jurídica e tecnicamente robusto, comunicando claramente a fundamentação legal e técnica das conclusões apresentadas.

9.1. Expressões Latinas Usadas em Laudos de Perícia

Expressões latinas são frequentemente utilizadas em contextos legais e periciais, muitas vezes utilizadas para indicar termos técnicos ou conceitos específicos, proporcionando concisão e precisão na descrição do laudo pericial. É importante notar que o uso dessas expressões pode variar de acordo com a tradição jurídica e o sistema legal específico em que o laudo está inserido.

Aqui selecionamos 50 expressões latinas frequentemente encontradas na composição de laudos periciais:

1. ***In loco:*** No local; utilizado para indicar que uma análise foi realizada diretamente no local dos acontecimentos.
2. ***Ad hoc:*** Para este fim; utilizado para indicar algo feito especificamente para uma finalidade ou situação.
3. ***Prima facie:*** À primeira vista; utilizado para indicar que, aparentemente, algo é evidente ou claro.
4. ***Per se:*** Por si mesmo; utilizado para indicar que algo é considerado intrinsecamente, independentemente de outros fatores.
5. ***Ex post facto:*** A partir do que ocorreu depois; utilizado para se referir a uma análise feita com base em eventos ou informações ocorridas após o fato em questão.
6. ***In extenso:*** Na íntegra; utilizado para indicar que algo está reproduzido integralmente, sem cortes ou resumos.
7. ***Circa:*** Cerca de; utilizado para indicar uma estimativa de tempo ou quantidade.
8. ***Status quo:*** Estado atual; utilizado para se referir à situação atual ou ao estado em que as coisas se encontram.
9. ***Habeas corpus:*** Que tenhas o corpo; utilizado para se referir ao direito de uma pessoa não ser detida de forma arbitrária ou ilegal.
10. ***In dubio pro reo:*** Na dúvida, a favor do réu; utilizado para indicar que, em caso de dúvida, deve-se decidir a favor do acusado.
11. ***Res ipsa loquitur:*** A coisa fala por si mesma; utilizado quando o próprio fato ou evento é evidência suficiente para estabelecer responsabilidade.

12. ***Corpus delicti:*** Corpo do delito; utilizado para se referir às evidências materiais ou fatos que indicam a ocorrência de um crime.
13. ***Mens rea:*** Mente culpável; utilizado para se referir ao elemento mental ou intenção criminosa em um crime.
14. ***In dubio contra fiscum:*** Na dúvida, contra o fisco; utilizado para indicar que, em caso de dúvida, a interpretação deve ser desfavorável à autoridade fiscal.
15. ***Cui bono*:** A quem beneficia; utilizado para questionar quem se beneficia com determinada situação, muitas vezes aplicado em investigações sobre motivação.
16. ***Ad infinitum*:** Até o infinito; utilizado para indicar que algo continua indefinidamente.
17. ***De facto*:** De fato; utilizado para indicar algo que é algo real, independentemente de ser reconhecido legalmente.
18. ***Ignorantia legis non excusat:*** A ignorância da lei não é desculpa; utilizado para indicar que desconhecimento das leis não justifica a sua violação.
19. ***Inter alia*:** Entre outras coisas; utilizado para indicar que uma lista não é exaustiva e há outros itens não especificados.
20. ***Sub judice:*** Sob julgamento; utilizado para indicar que o assunto está atualmente sob consideração judicial e, portanto, não deve ser discutido publicamente.
21. ***Sui generis:*** De sua própria espécie; utilizado para indicar algo único ou que não se encaixa facilmente em categorias existentes.
22. ***Ultra vires:*** Além dos poderes; utilizado para indicar que uma ação está além da autoridade legal ou poderes da parte que a realiza.
23. ***Res judicata:*** Coisa julgada; utilizado para indicar que um assunto já foi decidido judicialmente e não pode ser novamente levado a julgamento.
24. ***Nolo contendere*:** Não desejo contestar; utilizado como uma declaração na qual o réu não contesta nem admite culpa.
25. ***Ex aequo et bono:*** Com equidade e bom senso; utilizado para indicar que uma decisão deve ser baseada em princípios de equidade e justiça, além das regras estritas da lei.

26. ***Quantum meruit:*** Quanto mereceu; utilizado em questões de compensação, indicando o valor justo que alguém merece receber por seus serviços.
27. ***Locus standi:*** Lugar de permanência; utilizado para se referir ao direito ou capacidade legal de uma parte para estar diante de um tribunal em um determinado assunto.
28. ***Pro bono:*** Para o bem; utilizado para indicar serviços legais prestados gratuitamente, geralmente em casos de interesse público.
29. ***Ab initio:*** Desde o início; utilizado para se referir a algo que ocorreu desde o começo do processo.
30. ***Ad litem:*** Para o litígio; utilizado para designar um representante legal nomeado especificamente para um caso judicial.
31. ***Bona fide:*** De boa-fé; utilizado para indicar a honestidade e sinceridade das partes envolvidas.
32. ***Caveat emptor:*** Que o comprador tenha cuidado; utilizado para indicar que o comprador assume a responsabilidade de verificar a qualidade de um produto antes da compra.
33. ***Dura lex, sed lex:*** A lei é dura, mas é a lei; utilizado para indicar que a aplicação rigorosa da lei pode ser austera, mas deve ser seguida.
34. ***Ex parte:*** De um lado apenas; utilizado para indicar que uma decisão judicial é tomada com base nos argumentos de apenas uma das partes, sem ouvir a outra.
35. ***In camera:*** À porta fechada; utilizado para indicar que uma audiência judicial ocorre em sessão privada, sem a presença do público.
36. ***Nunc pro tunc:*** Agora para então; utilizado para corrigir retroativamente um erro em documentos legais.
37. ***Obiter dictum:*** Comentário incidental; uma observação feita pelo caminho, que não é essencial para a decisão do caso.
38. ***Pacta sunt servanda:*** Os contratos devem ser cumpridos; utilizado para indicar a obrigação de cumprir os termos de um contrato.
39. ***Quid pro quo:*** Algo em troca de algo; utilizado para indicar uma troca ou acordo mútuo.

40. ***Sine die:*** Sem data marcada; utilizado para indicar que uma audiência ou processo foi adiado indefinidamente.
41. ***Vice versa:*** E o contrário; utilizado para indicar a reciprocidade de uma relação ou afirmação.
42. ***Lis pendens:*** Ação pendente; utilizado para indicar que um litígio está em curso e pendente de resolução.
43. ***Subpoena:*** Sob pena; uma ordem judicial para comparecer a tribunal ou produzir documentos.
44. ***In limine:*** No limiar; utilizado para indicar uma objeção feita no início de um processo.
45. ***Mala fides:*** Má fé; utilizado para indicar a presença de má fé ou intenções enganosas.
46. ***Per curiam:*** Pela corte; uma decisão proferida por um tribunal em nome da corte como um todo, sem um juiz específico atribuído.
47. ***Ex delicto:*** Do delito; utilizado para se referir a danos resultantes de um ato ilícito.
48. ***In personam:*** Contra a pessoa; utilizado para se referir a ações judiciais direcionadas contra uma pessoa específica.
49. ***Pro hac vice:*** Por esta vez; utilizado para indicar que um advogado está autorizado a praticar em um local específico, embora não seja seu local de prática habitual.
50. ***Causa mortis:*** Por causa da morte; utilizado para se referir a atos realizados em preparação para a morte ou em função dela.

9.2. Expressões em Língua Portuguesa Usadas em Laudos de Perícia

A seguir, listamos algumas expressões jurídicas na língua portuguesa que proporcionam uma variedade de termos legais e técnicos que podem ser incorporados em laudos periciais em tecnologia da informação, adequando-se a diferentes contextos e nuances jurídicas e abrangendo diferentes áreas do direito e cenários periciais. Selecionamos 100 expressões que podem ser utilizadas para reforçar a fundamentação jurídica e técnica do laudo pericial, proporcionando clareza e segurança nas conclusões apresentadas pelo perito.

1. **Em observância ao princípio da legalidade:** Indica que o perito seguiu todas as leis e regulamentos pertinentes durante a perícia.
2. **Nos termos do Código de Processo Civil:** Referência ao código que rege o processo civil no país, indicando conformidade com as normas processuais.
3. **Em conformidade com a legislação vigente:** Expressa que o laudo está em conformidade com as leis e regulamentos em vigor.
4. **Considerando os princípios da proporcionalidade e razoabilidade:** Indica que as conclusões do perito são proporcionais e razoáveis em relação aos fatos apresentados.
5. **À luz da jurisprudência atual:** Refere-se à interpretação da lei pelos tribunais, mostrando a consideração das decisões judiciais recentes.
6. **Conforme estabelecido pela doutrina jurídica:** Indica que o perito considerou as opiniões e interpretações acadêmicas da lei.
7. **Considerando a cadeia de custódia:** Referência ao registro documentado de posse e controle de evidências, conforme exigido para garantir a integridade.
8. **Com base no contraditório e ampla defesa:** Indica que o perito considerou o direito das partes de se manifestarem sobre as conclusões apresentadas.
9. **À vista dos documentos apresentados nos autos:** Refere-se à análise dos documentos contidos no processo judicial.
10. **Segundo os termos do contrato em questão:** Indica a análise de termos contratuais relevantes para o caso.
11. **Em consonância com a teoria dos atos processuais:** Referência à teoria que estuda os atos praticados no processo judicial, garantindo sua validade.
12. **Considerando os preceitos da Lei Geral de Proteção de Dados (LGPD):** Indica conformidade com legislação específica de privacidade e proteção de dados, se aplicável.
13. **De acordo com a jurisdição deste Tribunal:** Refere-se à área geográfica sob a autoridade do tribunal em questão.
14. **Com base nos termos da Ordem Judicial:** Indica que o perito seguiu as instruções específicas fornecidas pelo tribunal.

15. **Considerando os elementos probatórios apresentados:** Refere-se às evidências apresentadas no processo.
16. **Em atendimento aos princípios da imparcialidade e isenção:** Indica que o perito agiu de maneira objetiva, sem favorecer nenhuma das partes.
17. **Seguindo as diretrizes do Código de Ética Profissional:** Indica conformidade com as normas éticas que regem a conduta profissional do perito.
18. **À luz das normas técnicas da ABNT (Associação Brasileira de Normas Técnicas):** Referência ao cumprimento de padrões técnicos reconhecidos no Brasil.
19. **De acordo com as práticas aceitas no campo da perícia em tecnologia da informação:** Indica conformidade com os padrões profissionais reconhecidos na área.
20. **Seguindo as orientações do Código de Ética da Perícia Judicial:** Indica que o perito aderiu aos princípios éticos específicos da perícia judicial na sua especialidade.
21. **À luz do princípio da presunção de inocência:** Refere-se ao princípio fundamental do direito penal, indicando que o investigado é presumido inocente até que sua culpa seja comprovada.
22. **Nos termos da legislação específica de crimes cibernéticos:** Indica a consideração de leis que abordam explicitamente questões relacionadas a crimes na esfera digital.
23. **Em consonância com as normas internacionais de segurança da informação:** Referência à aderência a padrões globais reconhecidos na área de segurança da informação.
24. **De acordo com os princípios da jurisdição voluntária:** Indica que o laudo está alinhado com os princípios que regem atos voluntários reconhecidos pela jurisdição.
25. **Considerando a aplicação dos princípios da técnica de exame pericial:** Refere-se à análise técnica específica realizada pelo perito durante a perícia.
26. **Segundo os parâmetros estabelecidos pelos Tribunais Superiores:** Indica que o perito levou em conta decisões dos tribunais superiores ao elaborar o laudo.

27. **Em observância aos tratados internacionais dos quais o país é signatário:** Referência ao cumprimento de acordos internacionais relevantes para o caso em questão.
28. **Com base na teoria dos contratos e suas garantias:** Indica a consideração de princípios contratuais e garantias legais pertinentes ao caso.
29. **Seguindo os ditames do Código Penal e suas atualizações:** Refere-se à adesão aos princípios e normas contidos no Código Penal, com destaque para eventuais alterações legislativas.
30. **À luz dos princípios da boa-fé objetiva:** Indica a consideração da boa-fé como um elemento fundamental nas relações jurídicas.
31. **Nos moldes do devido processo legal:** Referência ao respeito ao devido processo legal durante a condução da perícia.
32. **Em conformidade com os princípios da propriedade intelectual:** Indica que o perito considerou questões relacionadas a direitos autorais, marcas registradas, patentes etc.
33. **Segundo as disposições do Marco Civil da Internet:** Refere-se ao cumprimento das normas estabelecidas pelo Marco Civil da Internet, se aplicável.
34. **Considerando as normas éticas da Associação Nacional dos Peritos Criminais:** Indica a aderência a princípios éticos específicos da associação profissional.
35. **Com base na interpretação sistemática do ordenamento jurídico:** Refere-se à interpretação do conjunto de normas legais de forma integrada.
36. **Nos termos da legislação de proteção ao consumidor:** Indica a consideração de leis que protegem os direitos dos consumidores, quando pertinente.
37. **Em atenção aos princípios da confidencialidade e privacidade:** Refere-se ao respeito pelos princípios relacionados à confidencialidade e privacidade das informações analisadas.
38. **Considerando as normas da Agência Nacional de Telecomunicações (ANATEL):** Indica a conformidade com as normas estabelecidas pela agência reguladora de telecomunicações.

39. **De acordo com os protocolos de segurança adotados internacionalmente:** Referência à conformidade com padrões globais reconhecidos na área de segurança cibernética.
40. **Segundo a interpretação jurisprudencial mais recente:** Indica a consideração das decisões judiciais mais recentes na área específica de tecnologia da informação.
41. **Em conformidade com os padrões internacionais da forense computacional:** Indica que o perito aderiu aos padrões internacionalmente reconhecidos em computação forense.
42. **Considerando a aplicação do Princípio da Insignificância:** Refere-se à avaliação da relevância dos elementos periciados à luz do princípio mencionado.
43. **Seguindo as normas regulamentares do Conselho Nacional de Justiça (CNJ):** Indica a conformidade com as normas estabelecidas pelo órgão regulador judiciário.
44. **Em consonância com os dispositivos do Regulamento Geral de Proteção de Dados (RGPD):** Referência à adesão aos princípios e regras de privacidade estabelecidas pelo RGPD, se aplicável.
45. **Nos termos da Lei de Acesso à Informação (LAI):** Indica conformidade com a legislação que regula o acesso a informações públicas.
46. **Em observância ao princípio da não autoincriminação:** Refere-se ao respeito ao direito de não produzir provas contra si mesmo.
47. **De acordo com as normas do Instituto Nacional de Tecnologia da Informação (ITI):** Indica a conformidade com as normas estabelecidas pelo órgão responsável pela infraestrutura de chaves públicas no país.
48. **Segundo os parâmetros da Lei de Crimes Cibernéticos:** Referência à adesão às normas específicas relacionadas a crimes cibernéticos.
49. **Em atendimento aos princípios da cibersegurança:** Indica a consideração dos princípios fundamentais de segurança cibernética durante a perícia.
50. **Considerando as regras estabelecidas pelo Tribunal de Contas da União (TCU):** Refere-se à conformidade com as normas do órgão de controle externo do governo.

51. **Com base na análise dos logs de auditoria:** Indica que o perito considerou a análise dos registros de atividade do sistema.
52. **Nos termos do Estatuto da Criança e do Adolescente (ECA), quando aplicável:** Referência à adesão às normas que protegem os direitos das crianças e adolescentes.
53. **Considerando os princípios da neutralidade da rede:** Indica a análise à luz dos princípios que regem a neutralidade da rede, se relevante para o caso.
54. **Segundo as diretrizes da Agência Nacional de Proteção de Dados (ANPD):** Refere-se à conformidade com as orientações da agência reguladora de proteção de dados.
55. **Em conformidade com as normas de responsabilidade civil por danos na internet:** Indica a consideração das regras que regem a responsabilidade por danos causados na internet.
56. **Nos termos do Tratado sobre o Comércio de Armas:** Referência à conformidade com as normas estabelecidas pelo tratado internacional, quando aplicável.
57. **Com base nos princípios da Teoria Geral do Processo:** Indica a análise à luz dos princípios fundamentais do direito processual.
58. **Segundo as disposições da Lei de Software e sua proteção:** Refere-se à conformidade com as normas que protegem os direitos autorais de software.
59. **Considerando as regras de perícia estabelecidas pelo Código de Processo Penal:** Indica a adesão aos procedimentos específicos de perícia delineados pelo código.
60. **De acordo com os princípios da Governança de TI:** Referência à conformidade com os princípios que regem a governança de tecnologia da informação.
61. **À luz dos princípios da legalidade, impessoalidade, moralidade, publicidade e eficiência, conforme a Constituição Federal:** Indica a análise à luz dos princípios fundamentais da administração pública estabelecidos na Constituição Federal.
62. **Segundo as diretrizes do Manual de Perícia do Conselho Nacional de Justiça (CNJ):** Referência à conformidade com as orientações específicas do órgão judiciário responsável por regulamentar a perícia.

63. **Com base no entendimento jurisprudencial consolidado pelo Supremo Tribunal Federal (STF):** Indica a consideração de decisões do tribunal máximo do país relevantes para o caso.
64. **Nos termos do Código de Defesa do Consumidor (CDC):** Referência à conformidade com as normas de proteção ao consumidor, quando aplicável.
65. **Em consonância com os princípios da técnica pericial adotada pela Associação Brasileira de Criminalística (ABC):** Indica a conformidade com as práticas periciais reconhecidas pela associação profissional.
66. **Considerando as disposições da Lei de Software Livre (GPL):** Refere-se à análise à luz das normas que regem o uso de software livre.
67. **De acordo com as diretrizes estabelecidas pelo Comitê Gestor da Internet no Brasil (CGI.br):** Indica a conformidade com as orientações do órgão responsável pela coordenação e integração da internet no Brasil.
68. **Segundo as normas da Agência Nacional de Vigilância Sanitária (ANVISA), quando aplicável:** Referência à conformidade com as normas relacionadas à segurança da informação em ambientes de saúde.
69. **À vista dos fundamentos da teoria dos contratos eletrônicos:** Indica a análise à luz dos princípios que regem a formação e execução de contratos no ambiente digital.
70. **Em observância aos tratados internacionais sobre crimes transnacionais, notadamente os de natureza cibernética:** Refere-se à consideração de acordos internacionais relacionados a crimes que transcendem fronteiras.
71. **Considerando os princípios da neutralidade e imparcialidade no ambiente digital:** Indica a análise à luz dos princípios éticos fundamentais no ambiente online.
72. **De acordo com as normas estabelecidas pelo Instituto Nacional de Propriedade Industrial (INPI):** Referência à conformidade com as regras que regem a propriedade industrial no país.
73. **Segundo as diretrizes do Comitê de Política Monetária (COPOM), quando envolvidos aspectos financeiros:** Indica a conformidade com as normas estabelecidas pelo órgão responsável pela política monetária no país.

74. **Nos termos do Acordo de Cooperação Jurídica Internacional:** Referência à conformidade com acordos internacionais que regem a cooperação jurídica em casos específicos.
75. **À vista das regras da Lei de Interceptação Telefônica (Lei 9.296/96), quando aplicável:** Indica a conformidade com as normas que regem a interceptação telefônica, quando relevante para o caso.
76. **Considerando os princípios da Teoria da Prova:** Refere-se à análise à luz dos fundamentos teóricos que regem a produção de provas no processo judicial.
77. **De acordo com as normas internas do Departamento de Polícia Federal** (se for o caso)**:** Indica a conformidade com as diretrizes internas do órgão responsável pela investigação federal.
78. **Segundo os preceitos da Lei de Informática (Lei 8.248/91):** Referência à conformidade com as normas que regulamentam a política de informática no país.
79. **Em consonância com os princípios da responsabilidade objetiva:** Indica a análise à luz dos princípios que regem a responsabilidade independente de culpa.
80. **Nos termos da Lei de Arbitragem (Lei 9.307/96), quando aplicável:** Referência à conformidade com as normas que regem os procedimentos de arbitragem.
81. **Com base nos princípios da Boa Governança de Dados:** Indica a conformidade com os princípios que orientam a gestão eficiente e ética dos dados.
82. **Segundo as normas do Tribunal de Contas do Estado (TCE), quando envolvidos aspectos públicos:** Refere-se à conformidade com as normas do órgão responsável pelo controle externo dos recursos públicos.
83. **Considerando os preceitos da Lei de Responsabilidade Fiscal (LRF), quando aplicável:** Indica a conformidade com as normas que regem a responsabilidade fiscal no âmbito público.
84. **À luz dos princípios da boa-fé e da lealdade contratual:** Refere-se à análise à luz dos princípios éticos fundamentais nas relações contratuais.

85. **Segundo as regras do Conselho Nacional de Controle Interno (CONACI), quando envolvidos aspectos de controle interno:** Indica a conformidade com as normas do órgão responsável pelo controle interno no país.
86. **Com base na interpretação sistemática do Código de Processo Civil (CPC):** Referência à análise à luz dos princípios e normas contidos no código processual civil.
87. **Considerando as regras do Instituto Nacional de Estudos e Pesquisas Educacionais Anísio Teixeira (INEP), quando envolvidos aspectos educacionais:** Indica a conformidade com as normas do órgão responsável pela avaliação e regulação da educação no país.
88. **De acordo com as diretrizes da Lei Brasileira de Inclusão (Lei 13.146/2015):** Referência à conformidade com as normas que promovem a inclusão de pessoas com deficiência.
89. **Segundo os termos do Protocolo de Quioto, quando aplicável a questões ambientais:** Indica a conformidade com as normas internacionais relacionadas a questões ambientais.
90. **À vista dos princípios da publicidade e transparência administrativa, segundo a Lei de Acesso à Informação (LAI):** Refere-se à análise à luz dos princípios que regem a transparência e acesso à informação na administração pública.
91. **Considerando as disposições da Lei do Marco Antitruste (Lei 12.529/2011), quando aplicável a questões de concorrência:** Refere-se à conformidade com as normas que regem a defesa da concorrência no país.
92. **Segundo as normas estabelecidas pela Agência Nacional de Saúde Suplementar (ANS), quando envolvidos aspectos de saúde suplementar:** Indica a conformidade com as diretrizes da agência reguladora de planos de saúde.
93. **À luz das normas do Conselho Administrativo de Defesa Econômica (CADE):** Referência à conformidade com as regras do órgão responsável pela prevenção e repressão de infrações contra a ordem econômica.
94. **De acordo com os princípios da Lei do Bem (Lei 11.196/2005):** Indica a conformidade com as normas que regem incentivos fiscais para inovação tecnológica.

95. **Segundo as regras do Sistema Nacional de Unidades de Conservação (SNUC), quando envolvidos aspectos ambientais:** Refere-se à conformidade com as normas do sistema que regulamenta a criação e gestão de unidades de conservação.
96. **Com base nas diretrizes da Lei de Improbidade Administrativa (Lei 8.429/92), quando aplicável a questões de responsabilidade de agentes públicos:** Indica a conformidade com as normas que regem a punição a atos de improbidade.
97. **Considerando as disposições da Lei Geral de Telecomunicações (Lei 9.472/97):** Referência à conformidade com as regras que regem o setor de telecomunicações no país.
98. **À vista dos princípios da Lei Brasileira de Identificação Criminal (Lei 12.037/2009):** Refere-se à análise à luz dos princípios que regem a identificação criminal no país.
99. **Nos termos da Lei do Incentivo à Inovação Tecnológica (Lei 10.973/2004):** Indica a conformidade com as normas que regulamentam a concessão de incentivos à inovação tecnológica.
100. **Em consonância com as normas da Lei de Responsabilidade por Dano Ambiental (Lei 6.938/81):** Referência à conformidade com as regras que regem a responsabilidade civil por danos ao meio ambiente.

As expressões em latim são frequentemente encontradas em documentos legais e podem fornecer precisão e clareza em termos técnicos no campo jurídico. A interpretação exata pode variar de acordo com a jurisdição e o contexto específico. Todas as expressões apresentadas neste capítulo podem ser adaptadas conforme a necessidade específica do laudo pericial para tecnologia da informação, proporcionando uma linguagem jurídica precisa e alinhada com os diferentes aspectos legais envolvidos nos processos.

Capítulo 10

O FUTURO DIGITAL DO SISTEMA JUDICIAL

"Juízes, não sois máquinas! Homens é o que sois!"
Charles Chaplin, in "O Último Discurso"

O futuro digital do sistema judicial brasileiro promete transformações significativas e será moldado por uma combinação de avanços tecnológicos, novas regulamentações e considerações éticas. O uso de tecnologias avançadas, como a Inteligência Artificial (IA) e aprendizado de máquina, pode se intensificar para auxiliar na análise de grandes volumes de dados legais, acelerar processos de pesquisa e fornecer *insights* preditivos sobre decisões judiciais.

10.1. O Judiciário e a Inteligência Artificial

Em alguns países, sistemas de Inteligência Artificial (IA) estão sendo explorados em algumas áreas judiciais, mas a implementação de um "Juiz IA" ainda não é uma prática generalizada em muitas jurisdições. No entanto, é possível que haja desenvolvimentos significativos futuramente.

Sistemas de IA podem ser usados para analisar grandes volumes de documentos legais, facilitando a pesquisa, identificação de padrões e análise de precedentes. Juízes e advogados podem utilizar a IA para auxiliar na avaliação de argumentos legais, fornecendo análises detalhadas de casos e jurisprudência relevante.

Alguns sistemas empregam IA para facilitar a mediação online, ajudando as partes a alcançarem acordos em disputas menores sem a necessidade de processos judiciais completos. Por conta disso, empresas de tecnologia desenvolvem soluções que utilizam algoritmos para prever resultados judiciais com base em casos anteriores, ajudando advogados a avaliar os riscos associados a determinadas estratégias legais.

Sistemas de automação baseados em IA podem ser utilizados para lidar com tarefas legais repetitivas, como revisão de documentos, o que permite que profissionais do direito se concentrem em atividades mais complexas. Assim, a IA pode contribuir para a eficiência dos tribunais, agilizando processos por meio da automação de tarefas administrativas, gerenciamento de casos e programação de audiências.

Todavia, a implementação de IA na área judicial também levanta questões éticas e legais, incluindo preocupações sobre transparência, viés algorítmico, privacidade e segurança de dados. A decisão final em questões legais complexas geralmente requer o exercício de julgamento humano, e muitas aplicações de IA na área judicial são projetadas para servir como ferramentas de suporte à decisão, não para substituir totalmente a tomada de decisões humanas.

10.2 Evolução Digital

A evolução rápida da tecnologia e o surgimento de novas ferramentas e plataformas podem tornar desafiador para o judiciário e peritos judiciais manterem-se atualizados e compreenderem plenamente as nuances técnicas envolvidas em casos digitais. O desafio do perito será equilibrar a eficiência proporcionada pela tecnologia com a garantia de justiça, acessibilidade e integridade no processo judicial.

Aqui estão algumas possibilidades sobre como o sistema judicial pode evoluir no ambiente digital:

10.2.1. Automatização e Inteligência Artificial

A automação será amplamente adotada para lidar com volumes massivos de documentos. A Inteligência Artificial será utilizada para análise de contratos, identificação de padrões e extração de informações relevantes:

- **Processamento de documentos**: Reconhecimento Óptico de Caracteres (OCR) para digitalizar e extrair informações de documentos em papel, convertendo-os em dados digitais facilmente pesquisáveis.
- **Classificação automática de documentos**: Sistemas de IA podem classificar automaticamente documentos judiciais com base em categorias predefinidas, facilitando a organização e recuperação de informações.
- **Análise preditiva e tomada de decisões:** A IA pode analisar dados históricos para prever resultados de casos com base em padrões identificados. Isso pode ajudar os juízes a tomar decisões informadas, embora seja crucial considerar a transparência e ética nessas previsões.
- **Assistentes virtuais para advogados:** Chatbots baseados em IA podem fornecer assistência jurídica básica, ajudando advogados a acessar informações legais relevantes, orientações e documentos pertinentes de maneira rápida e eficiente.

- **Mediação online e resolução de conflitos:** Plataformas baseadas em IA podem facilitar a mediação online, sugerindo soluções para disputas menores com base em padrões identificados em casos semelhantes.
- **Pesquisa jurídica avançada:** Ferramentas de pesquisa jurídica alimentadas por IA podem analisar vastos conjuntos de dados legais, identificando precedentes relevantes, estabelecendo conexões entre casos e facilitando a pesquisa para advogados e juízes.
- **Avaliação de evidências digitais:** A IA pode ser empregada na análise de evidências digitais, como registros de comunicação, metadados de arquivos e vídeos, facilitando a identificação de fraudes e manipulações.
- **Gestão de casos e prazos:** A IA pode ajudar na gestão eficiente de casos, rastreando prazos, notificando partes envolvidas e facilitando a coordenação entre os diferentes estágios do processo judicial.
- **Interpretabilidade dos algoritmos:** Garantir que os algoritmos utilizados no sistema judicial sejam interpretáveis e transparentes é crucial para manter a confiança e a justiça. A compreensão dos processos de tomada de decisão por parte dos envolvidos é fundamental.
- **Treinamento de modelos com dados diversificados:** É importante garantir que os modelos de IA sejam treinados com conjuntos de dados diversificados para evitar viés. Questões éticas relacionadas à discriminação devem ser abordadas durante o desenvolvimento e treinamento desses sistemas.
- **Segurança da Informação:** Dado o volume sensível de informações no sistema judicial, medidas robustas de segurança cibernética são essenciais para proteger dados contra os ataques maliciosos e garantir a integridade do processo judicial.

10.2.2. Tomada de Decisões Judiciais

A aplicação de tecnologias como Inteligência Artificial na tomada de decisões no sistema judicial pode oferecer benefícios substanciais. Sistemas de IA podem ajudar na avaliação de casos simples, oferecendo sugestões para decisões judiciais, mas também levantam desafios éticos e práticos. Aqui estão alguns pontos importantes sobre a tomada de decisões no contexto jurídico:

- **Análise de Dados Complexos:** A IA pode processar grandes volumes de dados legais, incluindo decisões anteriores, estatísticas judiciais e precedentes, para fornecer informações relevantes e insights para apoiar a tomada de decisões.
- **Previsão de Resultados**: Algoritmos de análise preditiva podem ser utilizados para prever resultados com base em padrões identificados em casos anteriores. Isso pode ser particularmente útil para decisões rotineiras e menos complexas.
- **Identificação de Precedentes:** Sistemas de IA podem facilitar a identificação e a recuperação de informações relevantes, precedentes, jurisprudência e legislação aplicável, agilizando o processo de pesquisa e embasando as decisões judiciais.
- **Chatbots jurídicos para consulta:** Chatbots alimentados por IA podem fornecer respostas rápidas a consultas legais básicas, oferecendo informações relevantes para embasar decisões preliminares.
- **Análise de Impacto:** A IA pode ser usada para avaliar os possíveis riscos e benefícios associados a diferentes decisões, ajudando os juízes a entenderem as implicações de suas escolhas.
- **Transparência e Interpretabilidade:** Garantir que os algoritmos utilizados sejam transparentes e interpretáveis é fundamental para a confiança nas decisões automatizadas. Os juízes e as partes envolvidas devem entender como as recomendações foram geradas.
- **Desafios Éticos e Viés Algorítmico:** Algoritmos de computador podem herdar e perpetuar viés presente nos dados de treinamento. É necessário implementar estratégias para identificar e mitigar esses vieses, garantindo que as decisões sejam justas e imparciais.
- **Conformidade com o Direito:** As decisões automatizadas devem estar em conformidade com o sistema legal existente. A implementação de tecnologias deve respeitar os princípios legais e éticos que regem o sistema judicial.

- **Supervisão Humana:** Mesmo com a automação, a supervisão humana é essencial. A tomada final de decisões deve permanecer nas mãos dos juízes, com a IA atuando como uma ferramenta de apoio e não como seu substituto.
- **Aprimoramento Contínuo:** Os sistemas de IA devem ser continuamente atualizados e aprimorados para refletir mudanças nas leis, jurisprudência e na sociedade, garantindo que estejam sempre alinhados com o contexto atual.

Portanto, a implementação eficaz da IA na tomada de decisões judiciais requer uma abordagem cuidadosa, considerando não apenas a eficiência, mas também a ética, a transparência e a salvaguarda dos princípios legais fundamentais. O equilíbrio entre a automação e a supervisão humana é crucial para garantir que as decisões judiciais continuem a ser justas e imparciais.

10.2.3. Blockchain na Gestão dos Processos Judiciais

A tecnologia blockchain pode ser implementada para garantir a segurança e integridade dos registros judiciais. Algo que pode reduzir fraudes e garantir transparência. O blockchain pode impactar a gestão dos processos judiciais de diferentes formas:

- **Segurança e integridade dos registros:** A tecnologia é conhecida por criar registros imutáveis. Cada bloco é vinculado criptograficamente ao anterior, tornando extremamente difícil alterar dados passados. Isso proporciona uma camada adicional de segurança e garante a integridade dos registros judiciais.
- **Rastreabilidade e prova de autenticidade:** A natureza transparente e auditável do blockchain permite que todas as partes interessadas, incluindo advogados, juízes e as partes envolvidas, verifiquem a autenticidade e a procedência dos registros. Isso simplifica e fornece uma trilha de auditoria completa.
- **Contratos inteligentes:** Contratos inteligentes no blockchain podem ser programados para executar automaticamente termos acordados. Isso pode incluir prazos, pagamentos e outras condições, reduzindo a necessidade de intervenção manual em certos aspectos da gestão processual.

- **Eficiência operacional:** A eliminação de intermediários e a automação de processos podem resultar em uma gestão mais eficiente e na redução de custos associados a tarefas administrativas e processuais. Isso pode beneficiar tanto o sistema judicial quanto as partes envolvidas.
- **Proteção contra fraudes e manipulações:** A tecnologia dificulta a manipulação de registros. Isso é crucial para proteger contra a adulteração de documentos e garantir a autenticidade das evidências apresentadas.
- **Controle de acesso à informação:** A tecnologia permite a implementação de controles de acesso granulares, garantindo que apenas partes autorizadas tenham acesso a determinadas informações. Isso ajuda a preservar a confidencialidade e a privacidade das partes envolvidas.
- **Execução de sentenças e decisões automáticas:** Em certos casos, contratos inteligentes podem ser programados para executar automaticamente sentenças ou decisões judiciais, simplificando o processo de implementação das determinações judiciais.
- **Necessidade de padronização:** A implementação da tecnologia no sistema judicial pode exigir a definição de padrões comuns para garantir a interoperabilidade entre diferentes sistemas. Isso pode ser um desafio, especialmente em jurisdições variadas.
- **Curva de aprendizado:** Introduzir o blockchain no sistema judicial pode exigir esforços significativos de educação e conscientização para garantir que os envolvidos compreendam os benefícios, as limitações e o funcionamento da tecnologia.
- **Marco Regulatório:** É crucial estabelecer um marco regulatório claro para a implementação do blockchain no sistema judicial. Isso inclui questões como a validade jurídica dos registros blockchain e a responsabilidade em caso de eventos adversos.

Nota-se que a implementação bem-sucedida do blockchain na gestão de processos judiciais depende não apenas da tecnologia em si, mas também de uma abordagem detalhada para superar desafios técnicos, educacionais e regulatórios.

Quando aplicado de forma eficiente, o blockchain pode contribuir para um sistema judicial mais transparente, seguro e eficiente.

10.2.4. Videoconferências e Audiências Virtuais

A adoção de videoconferências e audiências virtuais no sistema judicial tem se tornado cada vez mais prevalente, oferecendo benefícios significativos em termos de eficiência, acessibilidade e redução de custos. No entanto, questões relacionadas à equidade e acessibilidade precisarão ser consideradas.

Aqui está uma análise mais detalhada sobre como a videoconferência e audiências virtuais podem impactar o sistema judicial:

- **Acessibilidade e participação remota:** Audiências virtuais permitem que as partes, os advogados, as testemunhas e os peritos participem de qualquer localidade, reduzindo barreiras geográficas e eliminando a necessidade de deslocamentos físicos.
- **Economia de tempo e recursos:** A eliminação de viagens e a necessidade de instalações físicas para audiências resultam em economia de tempo e recursos, tanto para as partes envolvidas quanto para o próprio sistema judicial.
- **Flexibilidade de horários:** As audiências virtuais oferecem maior flexibilidade para o agendamento, permitindo que as partes envolvidas escolham horários que se adequem melhor às suas agendas, o que pode acelerar o processo judicial.
- **Segurança e proteção de testemunhas:** A videoconferência pode ser usada para proteger a identidade de testemunhas sensíveis, preservando sua segurança e evitando a exposição desnecessária.
- **Registro eletrônico:** Audiências virtuais podem ser gravadas e documentadas eletronicamente, proporcionando um registro preciso e detalhado do procedimento judicial para referência futura.
- **Garantia de acesso equitativo:** É crucial abordar desafios relacionados à conectividade e garantir que todas as partes envolvidas tenham acesso adequado

à tecnologia, evitando a exclusão devido às limitações tecnológicas.

- **Interação limitada e expressão não verbal:** Em comparação com audiências presenciais, a interação limitada e a dificuldade em captar nuances da expressão não verbal podem representar desafios na avaliação de credibilidade e emoções.
- **Proteção de dados e da privacidade:** Deve-se dar atenção especial à segurança de dados durante as videoconferências para garantir a privacidade das partes envolvidas e proteger informações confidenciais.
- **Capacitação tecnológica:** Juízes, advogados e outros profissionais do sistema judicial precisarão de treinamento adequado para utilizar eficientemente as plataformas de videoconferência e garantir uma condução justa e eficaz das audiências virtuais.
- **Validade Jurídica:** A validade jurídica de procedimentos conduzidos virtualmente pode ser questionada em alguns casos. É necessário desenvolver regulamentações claras para garantir a aceitação legal de audiências virtuais.

A implementação bem-sucedida de audiências virtuais requer uma abordagem equilibrada que leve em consideração os benefícios da tecnologia, ao mesmo tempo em que aborda desafios técnicos, éticos e legais para garantir a justiça e a eficiência do sistema judicial.

10.4.5. Plataformas de Resolução Online de Conflitos

A utilização de plataformas de resolução online de conflitos representa uma abordagem inovadora para a administração de disputas legais. Elas podem ser desenvolvidas para a resolução de disputas de menor gravidade, oferecendo uma alternativa rápida e eficiente ao processo judicial tradicional. As plataformas de resolução online de conflitos podem oferecer:

- **Acesso universal à justiça:** Proporcionam acesso mais amplo à justiça, permitindo que indivíduos participem de processos de resolução de conflitos independentemente da localização geográfica.

- **Processo rápido:** Em comparação com os procedimentos judiciais tradicionais, as plataformas online podem oferecer processos mais rápidos, reduzindo a duração total das disputas.
- **Economia financeira:** A resolução online de conflitos pode ser mais econômica do que o litígio tradicional, pois elimina despesas associadas a custas judiciais, deslocamento e outros custos relacionados ao sistema judicial convencional.
- **Ferramentas de mediação:** Muitas plataformas incluem ferramentas de mediação e negociação, facilitando a comunicação entre as partes envolvidas e promovendo soluções mutuamente aceitáveis.
- **Neutralidade e imparcialidade:** As plataformas online geralmente são projetadas para serem neutras e imparciais, proporcionando um ambiente justo para a resolução de disputas.
- **Aceitação cultural e legal:** Algumas pessoas podem resistir à ideia de resolver disputas online devido a preocupações culturais ou à falta de aceitação legal. A superação desses desafios requer uma abordagem educativa e de conscientização.
- **Segurança da informação e privacidade:** É crucial garantir altos padrões de segurança da informação para proteger dados confidenciais e pessoais durante o processo de resolução online.
- **Amplitude de aplicações:** As plataformas de resolução online podem ser adaptadas para uma variedade de disputas, desde questões de consumo até conflitos comerciais mais complexos.
- **Garantia de execução:** É necessário um mecanismo eficiente para garantir que as decisões tomadas nas plataformas de resolução online sejam devidamente implementadas pelas partes envolvidas.
- **Capacitação dos usuários:** Para uma adoção eficaz, os usuários precisam ser educados sobre como utilizar efetivamente as plataformas, compreendendo os benefícios e os procedimentos envolvidos.
- **Transparência e credibilidade:** A transparência no funcionamento das plataformas e a credibilidade das decisões tomadas são fundamentais para desenvolver a confiança dos usuários na resolução online de conflitos.

- **Considerações éticas:** Plataformas online devem abordar questões éticas, como a imparcialidade dos mediadores e a garantia de que todas as partes sejam ouvidas adequadamente.

Assim, a resolução online de conflitos representa uma evolução promissora no campo da administração de disputas, proporcionando um meio mais acessível, rápido e econômico para a solução de controvérsias. No entanto, a implementação bem-sucedida requer uma consideração cuidadosa dos desafios associados e um compromisso contínuo com a transparência e a justiça.

10.4.6. Análise Jurídica com Machine Learning

O uso de algoritmos de Machine Learning (ML) pode facilitar a análise de grandes conjuntos de dados jurídicos, ajudando na identificação de tendências, precedentes e na pesquisa jurídica, fornecendo insights valiosos, otimizando processos e melhorando a eficiência. O uso de Machine Learning permite ainda:

- **Análise de contratos:** Modelos de ML podem ser treinados para extrair informações cruciais de contratos, como prazos, cláusulas essenciais e responsabilidades, acelerando a revisão e a análise contratual.
- Previsão de decisões judiciais: Algoritmos de ML podem analisar decisões judiciais anteriores para prever possíveis resultados em casos semelhantes, ajudando advogados e juízes a entenderem a probabilidade de êxito em determinadas questões legais.
- **Pesquisa jurídica avançada:** Ferramentas de ML podem processar grandes volumes de dados legais, facilitando a pesquisa rápida e a identificação de padrões, precedentes relevantes e informações específicas.
- **Processamento de evidências digitais:** ML pode ser utilizado para analisar evidências digitais, como dados de dispositivos eletrônicos, facilitando a identificação de informações relevantes em investigações criminais e litígios civis.

- **Avaliação de riscos jurídicos e compliance:** Algoritmos de ML podem avaliar contratos e documentos para identificar potenciais riscos legais e garantir a conformidade com regulamentações, fortalecendo práticas de gerenciamento de riscos.
- **Assistência automatizada:** Chatbots alimentados por ML podem fornecer respostas rápidas a perguntas jurídicas básicas, auxiliando no atendimento ao cliente e orientando usuários em questões legais comuns.
- **Classificação automática de documentos:** Algoritmos de ML podem classificar automaticamente documentos legais, facilitando a organização e a recuperação de informações relevantes em grandes conjuntos de dados.
- **Identificação de violações de privacidade:** Ferramentas de ML podem ajudar na identificação de possíveis violações de privacidade e na conformidade com regulamentações, auxiliando as organizações na proteção de dados sensíveis.
- **Mitigação de viés algorítmico:** É essencial abordar o viés algorítmico, garantindo que os modelos de ML sejam treinados com conjuntos de dados diversificados para evitar discriminação injusta e resultados tendenciosos.
- **Adaptação às mudanças legais:** Modelos de ML devem ser continuamente treinados e atualizados para refletir alterações nas leis e jurisprudência, garantindo que permaneçam relevantes e precisos ao longo do tempo.
- **Interpretabilidade dos modelos:** É fundamental garantir que os modelos de ML sejam interpretáveis, permitindo que os usuários entendam como as decisões são tomadas, especialmente em contextos legais que exigem transparência.
- **Educação e conscientização:** A aceitação da tecnologia por parte dos profissionais do direito requer educação e conscientização sobre como o ML pode complementar, não substituir, a experiência humana no campo jurídico.

A integração bem-sucedida de Machine Learning na prática jurídica exige uma abordagem equilibrada que considere os benefícios oferecidos pela automação e análise preditiva, ao mesmo tempo em que aborda cuidadosamente desafios éticos, legais e técnicos para garantir a integridade e a justiça do sistema jurídico.

10.4.7. Proteção do Software e dos Sistemas Digitais

A proteção jurídica de software envolve o conjunto de leis e regulamentos que garantem direitos autorais ou, em alguns casos, patentes para os criadores de software, visando proteger suas criações contra reprodução não autorizada, cópias indevidas e outros tipos de violações. Paesani (2012), salienta que "O problema de proteção jurídica do software preocupa, há tempos, os fabricantes de computador, redatores de programas e juristas do mundo inteiro".

No Brasil, a proteção jurídica do software e dos sistemas digitais é predominantemente regulamentada pela Lei do Software (Lei nº 9.609/98), que dispõe sobre a proteção da propriedade intelectual de programa de computador e sua comercialização no País, e pela Lei de Direitos Autorais (Lei nº 9.610/98), que atualiza e consolida a legislação sobre direitos autorais. Ambas as leis buscam garantir a proteção dos direitos dos titulares de software, estabelecendo as condições sob as quais esses direitos são reconhecidos e protegidos:

- **Lei do Software**: Confere aos titulares direitos autorais sobre suas criações, protegendo contra a reprodução não autorizada, a engenharia reversa e outras formas de violação.
- **Lei de Direitos Autorais**: No Brasil, a proteção de software é baseada principalmente em direitos autorais que são automaticamente concedidos ao criador no momento da criação da obra, não exigindo registro formal para garantir proteção. No entanto, o registro pode ser feito para fins de comprovação e facilitar a defesa dos direitos em caso de litígio.

O papel do perito judicial em Tecnologia da Informação (TI) é chave na análise das demandas relacionadas aos direitos de software e dos sistemas digitais. Conforme Paesani (2012), "O software é uma obra intelectual de diretiva técnica, não endereçada especificamente ao espírito humano. Resulta da atividade do programador (individual ou coletiva) não apresenta características estéticas e não pode ser catalogada como invenção". Por ser uma obra de natureza técnica, nos casos de violação de direitos autorais, o perito pode ser solicitado a avaliar a originalidade do software em questão. Isso envolve examinar o código-fonte, a estrutura do programa e outros elementos para determinar se houve cópia não autorizada. O perito pode ser solicitado a comparar o software em disputa com outros programas existentes para identificar possíveis semelhanças e avaliar se há indícios de plágio. Ferramentas de software especializadas podem ser utilizadas para facilitar essa análise.

Em casos envolvendo contratos de software, o perito pode analisar os termos contratuais, avaliar se as partes cumpriram suas obrigações e determinar se houve quebra de contrato. Isso pode incluir a revisão de acordos de licenciamento, contratos de desenvolvimento e outros documentos relevantes.

Em casos relacionados à segurança de software, o perito pode avaliar a integridade do sistema, identificar vulnerabilidades de segurança e analisar se as práticas de segurança foram devidamente implementadas. Em alguns casos, o perito pode ser chamado a prestar depoimento em juízo para explicar suas conclusões, responder a perguntas das partes envolvidas e fornecer esclarecimentos adicionais.

Quando se trata de patentes, o sistema de patentes desempenha um papel importante quando se trata da proteção jurídica de inovações em software e sistemas. Em alguns países, é possível obter patentes para inovações de software, desde que cumpram determinados critérios de elegibilidade. Estes critérios podem incluir a demonstração de algum avanço técnico significativo ou uma solução para um problema técnico específico. No entanto, é importante notar que nem todos os países concedem patentes para software, e as regras podem variar consideravelmente entre as jurisdições.

Em todos os casos, a atuação do perito judicial em TI é crucial para o adequado desfecho de disputas legais relacionadas a direitos de software e sistemas. Sua expertise técnica contribui para uma compreensão mais aprofundada dos aspectos tecnológicos envolvidos nos casos.

10.4.8. Realidade Virtual para Recriação de Cenários

A aplicação da Realidade Virtual (RV) na recriação de cenários tem o potencial de transformar a prática jurídica, oferecendo uma ferramenta poderosa para reconstruir visualmente eventos, cenas de crime e situações complexas. A RV pode ser utilizada no contexto jurídico:

- **Recriação de cenas de crimes:** A RV pode proporcionar uma visualização tridimensional (3D) precisa de cenas de crime, permitindo que investigadores, advogados e júris explorem detalhes cruciais para entender melhor os eventos em questão.
- **Simulações de acidentes e incidentes:** Em casos de acidentes de trânsito, acidentes industriais ou outros incidentes, a RV pode ser usada para criar simulações detalhadas que ajudam a determinar a responsabilidade e compreender as circunstâncias.
- **Reconstituição de eventos jurídicos:** A RV pode ser empregada para recriar virtualmente ambientes de tribunal, permitindo que advogados e juízes revisitem audiências passadas, facilitando a análise de procedimentos e comportamentos.
- **Visualização de evidências complexas**: Em casos envolvendo dados complexos, como gráficos financeiros ou padrões estatísticos, a RV pode simplificar a apresentação visual dessas informações, tornando-as mais compreensíveis para os envolvidos.
- **Inspeção remota e investigação a distância:** A RV permite que profissionais jurídicos inspecionem virtualmente locais distantes, facilitando a análise de propriedades, cenas de crime ou outras áreas relevantes para um caso.
- **Experiência imersiva:** A RV pode ajudar os júris a entenderem melhor a complexidade dos casos, proporcionando uma visão mais detalhada e realista dos eventos em questão.
- **Treinamento jurídico interativo:** A RV pode ser usada para criar ambientes de treinamento interativos, permitindo que estudantes de direito, advogados e profissionais se envolvam em simulações práticas para aprimorar suas habilidades.
- **Suporte à argumentação:** A RV oferece uma plataforma para a construção de argumentos visuais mais impactantes, ajudando advogados a comunicarem eficazmente suas posições para juízes e júris.

- **Admissibilidade legal:** A aceitação legal da recriação de cenários em RV como evidência em tribunais pode ser um ponto de discussão e requerer padrões claros para garantir sua admissibilidade.
- **Proteção de dados:** A recriação de cenários em RV pode envolver dados sensíveis. Portanto, é crucial garantir a proteção da privacidade e a conformidade com regulamentações de proteção de dados.
- **Consciência e aceitação:** A aceitação cultural e jurídica da RV na recriação de cenários pode variar e exigir esforços para educar os envolvidos sobre as vantagens e limitações dessa tecnologia.

Portanto, a aplicação da RV na recriação de cenários oferece uma nova dimensão à prática jurídica, permitindo uma compreensão mais rica e envolvente dos eventos relevantes para casos judiciais. No entanto, é importante abordar desafios técnicos, éticos e legais para garantir que essa tecnologia seja implementada de maneira justa e eficaz.

10.5. Resumo das Tecnologias

De fato, o desenvolvimento de sistemas de IA na área judicial continua a ser um campo dinâmico, com desafios e oportunidades em constante evolução. Entretanto, o equilíbrio adequado entre automação dos sistemas e o julgamento humano é crucial para garantir a integridade do sistema judicial.
A Tabela 6 consolida os tópicos abordados anteriormente sobre as diversas aplicações de tecnologias no sistema jurídico:

Tabela 6 - Aplicações das tecnologias no sistema jurídico

Tópico	Aspectos Principais
Automatização e Inteligência Artificial	- Processamento de Documentos: OCR, classificação automática. - Análise Preditiva e Tomada de Decisões. - Assistência Virtual a Advogados: chatbots jurídicos. - Mediação Online e Resolução de Conflitos. - Pesquisa Jurídica Avançada.
Tomada de Decisões no Sistema Judicial	- Assistência à Tomada de Decisões. - Análise Preditiva. - Identificação de Precedentes. - Chatbots Jurídicos para Consulta Rápida. - Avaliação de Evidências Digitais. - Gestão de Casos e Prazos. - Desafios Éticos e Transparência.
Blockchain na Gestão dos Processos Judiciais	- Segurança e Integridade dos Registros. - Rastreabilidade e Prova de Autenticidade. - Redução de Intermediários e Custos. - Proteção contra Fraudes e Manipulações. - Acesso Controlado à Informação. - Execução de Sentenças e Decisões Automáticas.
Videoconferências e Audiências Virtuais	- Acessibilidade e Redução de Barreiras Geográficas. - Economia de Tempo e Recursos. - Flexibilidade de Horários. - Segurança e Proteção de Testemunhas. - Gravação e Documentação Automática. - Desafios de Conectividade e Tecnológicos.
Plataformas de Resolução Online de Conflitos	- Acesso Universal à Justiça. - Eficiência e Agilidade. - Redução de Custos. - Mediação e Negociação Facilitadas. - Proteção contra Fraudes e Manipulações. - Treinamento e Educação Contínua. - Desafios Éticos e Responsabilidade.
Previsão de Tendências e Análise Jurídica com Machine Learning	- Análise de Contratos. - Previsão de Decisões Judiciais. - Pesquisa Jurídica Avançada. - Automatização da Análise de Evidências. - Avaliação de Riscos e Compliance. - Chatbots Jurídicos e Atendimento ao Cliente. - Desafios Éticos e Viés Algorítmico.
Realidade Virtual para Recriação de Cenários	- Recriação de Cenas de Crime. - Simulações de Acidentes e Incidentes. - Reconstituição de Eventos Jurídicos. - Visualização de Evidências Complexas. - Inspeção de Locais Remotos. - Aumento da Compreensão dos Júris. - Desafios Técnicos, Legais e de Aceitação Cultural.

Referências Bibliográficas

ABNT. NBR 13752 – Perícias de engenharia na construção civil. Rio de Janeiro: ABNT, 1996.

ADRIÃO, Rafael Ribeiro A.; et al. Instituições do processo civil. Porto Alegre: SAGAH, 2018.

AGUIAIS, Edilson. Curso de Formação de Peritos Judiciais: como se tornar um perito judicial sem concurso público, pós-graduação ou emprego oficial. Goiânia: IBCAPPA, 2020.

ALBERTO FILHO, Reinaldo Pinto. Da perícia ao perito. 6ª Ed. Niterói: Impetus, 2020.

ALVES, Aline; et al. Perícia Contábil. Porto Alegre: SAGAH, 2017.

BARROS JUNIOR, Onei de. Perícias em Telecomunicações. Sorocaba: Clube de Autores, 2022.

BRASIL. Lei nº 13.105, de 16 de março de 2015. Brasília, DF, 2015. Disponível em: <http:// www.planalto.gov.br/ccivil_03/_ato2015-2018/2015/lei/l13105.htm>. Acesso em: 02 ago. 2017.

BRASIL. Decreto-lei nº 2.848, de 7 de dezembro de 1940. Brasília, DF, 1940. Disponível em: <http://www.planalto.gov.br/ccivil_03/decreto-lei/Del2848compilado.htm>. Acesso em: 18 jul. 2017.

ELEUTÉRIO, Pedro Monteiro da Silva; MACHADO, Márcio Pereira. Desvendando a Computação Forense. São Paulo: Novatec Editora Ltda, 2011.

FARMER, Dan; VENEMA, Wietse. Perícia Forense computacional. São Paulo: Prentice Hall, 2007.

FIKER, José. Manual de Redação de Laudos: avaliação de imóveis. 3 Ed. São Paulo: Oficina de Textos, 2019.

GALVÃO, Ricardo Kléber M. Introdução à Análise Forense em Redes de Computadores: conceitos, técnicas e ferramentas para grampos digitais. São Paulo: Novatec Editora Ltda, 2013.

GUIMARÃES, Deocleciano Torrieri, organização. Dicionário Técnico Jurídico. Atualização Equipe Rideel - 16. ed. São Paulo: Rideel, 2013.

MEDEIROS JUNIOR, Joaquim da Rocha; FIKER, José. A Perícia Judicial: como redigir laudos e argumentar dialeticamente. 4ª Ed. São Paulo: Liv. E Ed. Universitária de Direito, 2013.

MORAIS, Antonio Carlos; MORAIS, Carlo Rogério. O Perito e a Justiça. Teresina: Gráfica e Editora Halley, 2018

PAESANI, Liliana Minardi. Direito de Informática: comercialização e desenvolvimento internacional de software. 8 Ed. São Paulo: Atlas, 2012.

PORTAL CNJ. resolução 232 13072016_15072016132913 Honorários. Disponível em: https://atos.cnj.jus.br/files/resolucao_232_13072016_15072016132913.pdf. Acesso em 10 dez. 2023.

PORTAL DE AUDITORIA. Modelo de orçamento de honorários periciais. Curitiba, 2016. Disponível em: <http://www.portaldeauditoria.com.br/tematica/periciacont_orcamentohonorarios.htm>. Acesso em: 10 set. 2017.

SENADO FEDERAL. Código de processo civil e normas correlatas. – 9. ed. – Brasília: Senado Federal, Coordenação de Edições Técnicas, 2016.

VÁRIOS AUTORES. Coletânea técnica de avaliações e perícias: boletins 1.ed. técnicos baseados no estado da arte e normas técnicas aplicáveis. – 1.ed. – São Paulo: Leud, 2021.

Anexo I - Petição de Aceite

[EXCELENTÍSSIMO(A) JUIZ(A) DE DIREITO DA [VARA] DA [COMARCA]/[ESTADO]

[NOME DO PERITO], [PROFISSÃO], inscrito(a) no CPF sob o nº [CPF], com documento de identidade nº [RG], residente e domiciliado(a) na [SEU ENDEREÇO], vem, respeitosamente, à presença de Vossa Excelência, aceitar a nomeação como perito técnico no processo de número [NÚMERO DO PROCESSO], que tramita perante este Juízo, em que figura como [autor(a)/réu(é)] [NOME DAS PARTES].

1. Da Aceitação da Nomeação:
   O requerente aceita a honrosa nomeação para atuar como perito técnico no presente processo, comprometendo-se a desempenhar as funções designadas com imparcialidade, competência e observância dos princípios éticos da profissão.

2. Qualificação Técnica:
   O requerente reitera sua qualificação técnica na área de [especificar a área de atuação], destacando sua experiência e conhecimento na matéria objeto do processo.

3. Compromisso Ético:
   O requerente compromete-se a cumprir todas as obrigações legais e éticas inerentes à função de perito, garantindo a realização de uma perícia técnica imparcial e de qualidade.

4. Diligências:

   Requer, ainda, que Vossa Excelência determine as diligências necessárias para a efetivação da nomeação, como a intimação das partes sobre a aceitação do perito e a definição de prazos para a apresentação do laudo pericial.

Termos em que,
Pede deferimento.

[NOME PERITO]
[ASSINATURA]

Anexo II - Petição de Nomeação

[EXCELENTÍSSIMO(A) JUIZ(A) DE DIREITO DA [VARA] DA [COMARCA]/[ESTADO]

[NOME DO PERITO], [PROFISSÃO], inscrito(a) no CPF sob o nº [CPF], com documento de identidade nº [RG], residente e domiciliado(a) na [SEU ENDEREÇO], vem, respeitosamente, à presença de Vossa Excelência, requerer sua nomeação como perito técnico no processo de número [NÚMERO DO PROCESSO], que tramita perante este Juízo, em que figura como [autor(a)/réu(é)] [NOME DAS PARTES].

1. Da Qualificação Técnica:
   O requerente é profissional devidamente qualificado na área [especificar a área de atuação], com experiência e conhecimento técnico necessários para desempenhar as funções de perito neste processo.

2. Da Necessidade da Nomeação:
   A matéria em discussão neste processo envolve aspectos técnicos relacionados a [descrever brevemente o objeto do processo], demandando a expertise de um perito na área de [especificar a área de atuação].

3. Justificativa:
   A nomeação do requerente como perito técnico é crucial para assegurar a imparcialidade e a competência técnica necessárias à elucidação dos pontos controvertidos na demanda em questão.

4. Diligências:
   Requer, portanto, a Vossa Excelência que se digne a nomear o requerente como perito técnico no presente processo, para a realização da perícia necessária, nos termos do artigo 156 do Código de Processo Civil.

Termos em que,
Pede deferimento.

[NOME PERITO]
[ASSINATURA]

Anexo III - Petição de Documentação

[EXCELENTÍSSIMO(A) JUIZ(A) DE DIREITO DA [VARA] DA [COMARCA]/[ESTADO]

[NOME DO PERITO], [PROFISSÃO], inscrito(a) no CPF sob o nº [CPF], com documento de identidade nº [RG], residente e domiciliado(a) na [SEU ENDEREÇO], na qualidade de perito nomeado nos autos do processo de número [NÚMERO DO PROCESSO], vem, respeitosamente, à presença de Vossa Excelência, requerer a intimação das partes para apresentação de documentos necessários à elaboração do laudo pericial, nos termos do artigo 465, §1º, do Código de Processo Civil e demais dispositivos aplicáveis.

1. Objeto da Perícia:
   O presente pedido se relaciona à realização da perícia técnica [descrever brevemente o objeto da perícia].

2. Documentos Requeridos:
   2.1. [Enumerar os documentos específicos que são necessários para a realização da perícia.]

3. Justificativa:
   A apresentação desses documentos é crucial para que, na qualidade de perito designado, possa realizar a perícia de forma completa e precisa, garantindo a correta elucidação dos fatos em questão.

4. Fundamentação Legal:
   O requerimento é respaldado no artigo 465, §1º, do Código de Processo Civil, que confere ao perito o direito de requerer ao juízo a intimação das partes para apresentação de documentos indispensáveis à elaboração do laudo pericial.

5. Diligências:
   Requer, ainda, que Vossa Excelência determine as diligências necessárias para que as partes tomem ciência deste pedido e providenciem a apresentação dos documentos requeridos no prazo de [estipular um prazo razoável].

Termos em que,
Pede deferimento.

[NOME DO PERITO]
[ASSINATURA]

Anexo IV - Petição de Esclarecimentos

[EXCELENTÍSSIMO(A)] JUIZ(A) DE DIREITO DA [VARA] DA [COMARCA]/[ESTADO]

[NOME DO PERITO], [PROFISSÃO], inscrito(a) no CPF sob o nº [CPF], com documento de identidade nº [RG], residente e domiciliado(a) na [SEU ENDEREÇO], vem, respeitosamente, à presença de Vossa Excelência, no exercício das funções de perito técnico nomeado nos autos do processo de número [NÚMERO DO PROCESSO], solicitar esclarecimentos adicionais para a efetivação da perícia.

1. Dos Esclarecimentos Necessários:
   [Descrever de forma detalhada e específica os pontos ou questões que requerem esclarecimentos.]

2. Fundamentação Legal:
   A presente solicitação fundamenta-se no artigo 477 do Código de Processo Civil, que prevê a possibilidade de o perito formular quesitos ao juiz, bem como no artigo 156, inciso IV, que autoriza o perito a requerer esclarecimentos e informações adicionais.

3. Da Importância dos Esclarecimentos:
   Os esclarecimentos solicitados são cruciais para a elaboração de um laudo pericial preciso e completo, garantindo a correta elucidação dos fatos em questão.

4. Diligências:
   Requer, portanto, que Vossa Excelência determine a intimação das partes para ciência desta solicitação, possibilitando-lhes manifestação no prazo de [estipular um prazo razoável].

Termos em que,
Pede deferimento.

[NOME PERITO]
[ASSINATURA]

Anexo V - Petição de Prorrogação de Prazo

[EXCELENTÍSSIMO(A) JUIZ(A) DE DIREITO DA [VARA] DA [COMARCA]/[ESTADO]

[NOME DO PERITO], [PROFISSÃO], inscrito(a) no CPF sob o nº [CPF], com documento de identidade nº [RG], residente e domiciliado(a) na [SEU ENDEREÇO], na qualidade de perito técnico nomeado nos autos do processo de número [NÚMERO DO PROCESSO], vem, respeitosamente, à presença de Vossa Excelência, requerer a prorrogação do prazo para a conclusão da perícia técnica.

1. Justificativa:
   O prazo inicialmente estabelecido para a realização da perícia técnica demonstrou-se insuficiente em razão [explicar os motivos que justificam a necessidade de prorrogação, como a complexidade do caso, a quantidade de documentos etc.].

2. Dificuldades Encontradas:
   [Descrever as dificuldades ou imprevistos que surgiram durante a realização da perícia que impactaram no cumprimento do prazo estabelecido.]

3. Prejuízos Evitados:
   A prorrogação do prazo contribuirá para a realização de uma perícia mais completa e precisa, evitando prejuízos ao resultado do trabalho pericial.

4. Novo Prazo Solicitado:
   Diante do exposto, requer-se a prorrogação do prazo inicialmente estabelecido para a conclusão da perícia por [especificar o período desejado], a contar da data da concessão da presente prorrogação.

5. Diligências:

   Requer, ainda, que Vossa Excelência determine as diligências necessárias para a ciência das partes sobre a prorrogação solicitada.

Termos em que,
Pede deferimento.

[NOME PERITO]
[ASSINATURA]

Anexo VI - Petição de Auxílio Técnico

[EXCELENTÍSSIMO(A)] JUIZ(A) DE DIREITO DA [VARA] DA [COMARCA]/[ESTADO]

[NOME DO PERITO], [PROFISSÃO], inscrito(a) no CPF sob o nº [CPF], com documento de identidade nº [RG], residente e domiciliado(a) na [SEU ENDEREÇO], na qualidade de perito técnico nomeado nos autos do processo de número [NÚMERO DO PROCESSO], vem, respeitosamente, à presença de Vossa Excelência, requerer o auxílio técnico de outros especialistas para a realização da perícia.

1. Justificativa:
   A complexidade dos aspectos técnicos envolvidos no presente processo demanda a expertise de outros profissionais especializados na área de [especificar a área de atuação].

2. Objetivo do Auxílio Técnico:
   O auxílio técnico de outros especialistas visa garantir a imparcialidade e a completa elucidação dos fatos, contribuindo para a qualidade e integridade do laudo pericial.

3. Profissionais Indicados:
   [Enumerar os nomes e qualificações dos profissionais indicados para o auxílio técnico, destacando a expertise na área pertinente ao processo.]

4. Diligências:
   Requer a Vossa Excelência que se digne a nomear os profissionais indicados para prestar o auxílio técnico necessário à realização da perícia.

5. Custos e Honorários:
   Em relação aos custos e honorários dos profissionais indicados, [especificar como será custeado, se houver].

6. Diligências Adicionais:
   Requer, ainda, que Vossa Excelência determine as diligências necessárias para a ciência das partes sobre o pedido de auxílio técnico.

Termos em que,
Pede deferimento.

[NOME PERITO]
[ASSINATURA]

Anexo VII - Petição de Sigilo

[EXCELENTÍSSIMO(A)] JUIZ(A) DE DIREITO DA [VARA] DA [COMARCA]/[ESTADO]

[NOME DO PERITO], [PROFISSÃO], inscrito(a) no CPF sob o nº [CPF], com documento de identidade nº [RG], residente e domiciliado(a) na [SEU ENDEREÇO], na qualidade de perito técnico nomeado nos autos do processo de número [NÚMERO DO PROCESSO], vem, respeitosamente, à presença de Vossa Excelência, requerer a decretação de sigilo ou a restrição de acesso a informações constantes nos autos, nos termos do artigo 189 do Código de Processo Civil.

1. Justificativa:
   A presente solicitação fundamenta-se na necessidade de preservação da integridade da perícia técnica a ser realizada, especialmente no que tange [descrever detalhadamente as razões que justificam o sigilo, como a proteção de informações sensíveis, segredo técnico etc.].

2. Informações a Serem Resguardadas:
   [Enumerar de forma específica as informações ou documentos que se deseja resguardar.]

3. Preservação do Trabalho Pericial:
   O sigilo ou a restrição de acesso se fazem necessários para garantir a imparcialidade e a integridade da perícia técnica, evitando influências externas que possam comprometer a qualidade do laudo.

4. Diligências Adicionais:
   Requer a Vossa Excelência que adote as diligências necessárias para a efetiva-

ção do sigilo ou restrição de acesso, como a intimação das partes e a comunicação aos órgãos competentes.

5. Compromisso Ético:
   O requerente compromete-se a zelar pelo sigilo das informações resguardadas e a utilizá-las exclusivamente para os fins da perícia técnica.

Termos em que,
Pede deferimento.

[NOME PERITO]
[ASSINATURA]

Anexo VIII - Petição de Audiência Específica

[EXCELENTÍSSIMO(A)] JUIZ(A) DE DIREITO DA [VARA] DA [COMARCA]/[ESTADO]

[NOME DO PERITO], [PROFISSÃO], inscrito(a) no CPF sob o nº [CPF], com documento de identidade nº [RG], residente e domiciliado(a) na [SEU ENDEREÇO], na qualidade de perito técnico nomeado nos autos do processo de número [NÚMERO DO PROCESSO], vem, respeitosamente, à presença de Vossa Excelência, requerer a designação de audiência técnica específica para apresentação e esclarecimentos acerca do laudo pericial.

1. Justificativa:
   A complexidade dos elementos técnicos envolvidos na perícia demanda uma audiência específica para que o perito possa apresentar de forma detalhada os pontos essenciais do laudo técnico.

2. Objetivos da Audiência:
   A audiência visa proporcionar esclarecimentos adicionais, sanar eventuais dúvidas das partes e do magistrado, e promover um entendimento mais completo do conteúdo do laudo técnico.

3. Diligências:
   Requer a Vossa Excelência que designe audiência específica para a apresentação do laudo pericial, possibilitando a explanação detalhada pelo perito e permitindo questionamentos e esclarecimentos.

4. Data Sugerida:
   Sugerimos a marcação da audiência para o dia [data sugerida], de forma a acomodar a agenda do perito e das partes.

5. Intimações Necessárias:
   Solicita-se a intimação das partes e de seus respectivos advogados para comparecimento à audiência, bem como a intimação do perito nomeado.

Termos em que,
Pede deferimento.

[NOME PERITO]
[ASSINATURA]

Anexo IX - Petição de Substituição ou Adição de Perito

[EXCELENTÍSSIMO(A)] JUIZ(A) DE DIREITO DA [VARA] DA [COMARCA]/[ESTADO]

[NOME DO PERITO], [PROFISSÃO], inscrito(a) no CPF sob o nº [CPF], com documento de identidade nº [RG], residente e domiciliado(a) na [SEU ENDEREÇO], na qualidade de perito técnico nomeado nos autos do processo de número [NÚMERO DO PROCESSO], vem, respeitosamente, à presença de Vossa Excelência, requerer a [SUBSTITUIÇÃO / ADIÇÃO] de perito, nos termos do artigo 467 do Código de Processo Civil.

1. Justificativa para Substituição ou Adição:
   [Explicar detalhadamente os motivos que justificam a necessidade de substituição ou adição de perito, como conflito de interesses, impedimento, falta de qualificação técnica etc.]

2. Nomeação do Novo Perito:
   Requer a Vossa Excelência a nomeação do(a) perito(a) [Nome Completo], [Profissão], inscrito(a) no CPF sob o nº [CPF], com o objetivo de atuar na perícia técnica do presente processo.

3. Anuência das Partes:
   [Caso necessário, incluir manifestação de anuência das partes envolvidas na substituição ou adição de perito.]

4. Compromisso Ético:
   O novo perito compromete-se a atuar com imparcialidade, competência e ética no desempenho das funções periciais.

5. Diligências Adicionais:
   Requer a Vossa Excelência que adote as diligências necessárias para a efetivação da substituição ou adição de perito, incluindo a intimação das partes e do novo perito.

Termos em que,
Pede deferimento.

[NOME PERITO]
[ASSINATURA]

Anexo X - Petição de Honorários

[EXCELENTÍSSIMO(A)] JUIZ(A) DE DIREITO DA [VARA] DA [COMARCA]/[ESTADO]

[NOME DO PERITO], [PROFISSÃO], inscrito(a) no CPF sob o nº [CPF], com documento de identidade nº [RG], residente e domiciliado(a) na [SEU ENDEREÇO], na qualidade de perito técnico nomeado nos autos do processo de número [NÚMERO DO PROCESSO], vem, respeitosamente, à presença de Vossa Excelência, requerer a fixação e pagamento dos honorários periciais, nos termos do artigo 33 do Código de Processo Civil.

1. Objeto da Perícia:
   A perícia técnica foi realizada nos autos do processo mencionado, com o objetivo de [descrever brevemente o objeto da perícia].

2. Justificativa para a Fixação de Honorários:
   A atuação do perito demanda dedicação, conhecimento técnico e expertise na área, contribuindo significativamente para a instrução do processo.

3. Requerimento de Fixação de Honorários:
   Requer a Vossa Excelência que sejam fixados honorários periciais em valor condizente com a complexidade e extensão da perícia técnica realizada.

4. Cálculo dos Honorários:
   [Se aplicável, apresentar tabela com o cálculo dos honorários com base nos critérios estabelecidos de honorários na jurisdição ou conforme acordo prévio.]

5. Diligências Adicionais:
   Requer que Vossa Excelência determine as diligências necessárias para a intimação das partes acerca do requerimento de fixação de honorários periciais.

Termos em que,
Pede deferimento.

[NOME PERITO]
[ASSINATURA]

Anexo XI - Petição de Diligência

[EXCELENTÍSSIMO(A)] JUIZ(A) DE DIREITO DA [VARA] DA [COMARCA]/[ESTADO]

[NOME DO PERITO], [PROFISSÃO], inscrito(a) no CPF sob o nº [CPF], com documento de identidade nº [RG], residente e domiciliado(a) na [SEU ENDEREÇO], na qualidade de perito técnico nomeado nos autos do processo de número [NÚMERO DO PROCESSO], vem, respeitosamente, à presença de Vossa Excelência, requerer a realização de diligências indispensáveis para a conclusão da perícia técnica.

Objetivo das Diligências:
As diligências são necessárias para [descrever de forma clara e específica o objetivo das diligências, como coleta de novos documentos, vistoria técnica no local, entrevistas, entre outros.]

1. Justificativa:
   A realização das diligências é crucial para a obtenção de informações adicionais que permitirão a conclusão da perícia de forma precisa e abrangente.

2. Descrição Detalhada das Diligências:
   [Apresentar uma descrição detalhada de cada diligência solicitada, indicando os locais a serem visitados, as pessoas a serem entrevistadas, documentos a serem analisados etc.]

3. Prazo para a Realização das Diligências:
   Solicita-se a Vossa Excelência que estabeleça um prazo razoável para a realização das diligências, considerando a complexidade do objeto da perícia.

4. Intimação das Partes:
   Requer a intimação das partes para ciência da realização das diligências, garantindo sua participação, se necessário.

5. Custos e Despesas:
   Caso haja custos associados à realização das diligências, informa-se que as despesas serão suportadas [pelos interessados/pelas partes ou de acordo com a determinação judicial].

Termos em que,
Pede deferimento.

[NOME PERITO]
[ASSINATURA]

Anexo XII - Petição de Manifestação

[EXCELENTÍSSIMO(A)] JUIZ(A) DE DIREITO DA [VARA] DA [COMARCA]/[ESTADO]

[NOME PERITO], [PROFISSÃO], inscrito(a) no CPF sob o nº [CPF], com documento de identidade nº [RG], residente e domiciliado(a) na [SEU ENDEREÇO], na qualidade de perito técnico nomeado nos autos do processo de número [NÚMERO DO PROCESSO], vem, respeitosamente, à presença de Vossa Excelência, manifestar-se acerca dos quesitos adicionais apresentados pelas partes nos termos do artigo 477 do Código de Processo Civil.

1. Recebimento dos Quesitos Adicionais:
   O perito declara ter recebido os quesitos adicionais apresentados pelas partes nos autos do processo mencionado, conforme determinado pelo juízo.

2. Análise dos Quesitos Adicionais:
   O perito realizou análise minuciosa dos quesitos adicionais, buscando atender à finalidade da perícia técnica e proporcionar esclarecimentos adicionais necessários ao deslinde da questão.

3. Respostas aos Quesitos Adicionais:
   A seguir, apresenta-se as respostas detalhadas aos quesitos adicionais:
   [Inserir as respostas de maneira organizada, numerando cada resposta de acordo com os quesitos apresentados.]

4. Justificativas Técnicas:
   [Se necessário, incluir justificativas técnicas para as respostas fornecidas, explicando os métodos, critérios e fundamentos utilizados.]

5. Diligências Adicionais:
   Caso os quesitos adicionais demandem diligências adicionais para uma resposta mais precisa, solicita-se autorização do juízo para a realização dessas diligências.

Termos em que,
Pede deferimento.

[NOME PERITO]
[ASSINATURA]

Anexo XIII - Resolução CNJ - Honorários

Poder Judiciário

Conselho Nacional de Justiça

RESOLUÇÃO 232, DE 13 **DE JULHO DE 2016**

Fixa os valores dos honorários a serem pagos aos peritos, no âmbito da Justiça de primeiro e segundo graus, nos termos do disposto no art. 95, § 3º, II, do Código de Processo Civil - Lei 13.105/2015.

O PRESIDENTE DO CONSELHO NACIONAL DE JUSTIÇA

(CNJ), no uso de suas atribuições legais e regimentais;

CONSIDERANDO o disposto no art. 156 do Código de Processo Civil, que determina seja o juiz assistido por perito quando a prova do fato depender de conhecimento técnico ou científico, devendo ser formalizado cadastro de profissionais habilitados;

CONSIDERANDO que o pagamento da perícia de responsabilidade de beneficiário de gratuidade da justiça, quando realizada por particular, poderá ser efetuado com recursos alocados no orçamento da União, do Estado, do Distrito Federal, conforme disposição do art. 95, § 3º, II, do Código de Processo Civil;

CONSIDERANDO que o valor dos honorários a serem pagos aos profissionais ou aos órgãos que prestarem serviços nos processos será fixado pelo respectivo Tribunal ou, em caso de sua omissão, pelo Conselho Nacional de Justiça;

Poder Judiciário

Conselho Nacional de Justiça

CONSIDERANDO a deliberação do Plenário do CNJ no Ato Normativo 0002839-66.2016.2.00.0000, na 16ª Sessão Virtual, realizada em 5 de julho de 2016;

RESOLVE:

Art. 1° Os valores a serem pagos pelos serviços de perícia de responsabilidade de beneficiário da gratuidade da justiça são os fixados na Tabela constante do Anexo desta Resolução, na hipótese do art. 95, § 3°, II, do Código de Processo Civil.

Art. 2° O magistrado, em decisão fundamentada, arbitrará os honorários do profissional ou do órgão nomeado para prestar os serviços nos termos desta Resolução, observando-se, em cada caso:

I. a complexidade da matéria;
II. o grau de zelo e de especialização do profissional ou do órgão;
III. o lugar e o tempo exigidos para a prestação do serviço;
IV. as peculiaridades regionais.

§ 1° O pagamento dos valores de que trata este artigo e do

referente à perícia de responsabilidade de beneficiário da gratuidade da justiça será efetuado com recursos alocados no orçamento da União, do Estado ou do Distrito Federal.

§ 2° Quando o valor dos honorários for fixado em montante superior aos definidos em tabela oficial, seu pagamento, a ser realizado pelos cofres públicos, estará limitado àqueles valores estabelecidos por cada Tribunal ou, na sua falta, pelo CNJ, conforme anexo.

§ 3° Em sendo o beneficiário da justiça gratuita vencedor na demanda, a parte contrária, caso não seja beneficiária da assistência judiciária, deverá arcar com o pagamento integral dos honorários periciais arbitrados. /

§ 4º O juiz, ao fixar os honorários, poderá ultrapassar o limite fixado na tabela em até 5 (cinco) vezes, desde que de forma fundamentada.

§ 5º Os valores constantes da tabela anexa serão reajustados, anualmente, no mês de janeiro, pela variação do IPCA-E.

Art. 3º Esta Resolução entra em vigor em 90 (noventa) dias após sua publicação.

Poder Judiciário

Conselho Nacional de Justiça

ANEXO DA RESOLUÇÃO 232, DE 13 DE JULHO 2016

TABELA HONORÁRIOS PERICIAIS

<table>
<tr><th>ESPECIALIDADES</th><th>NATUREZA DA AÇÃO E/OU ESPÉCIE DE PERÍCIA A SER REALIZADA</th><th>VALOR MÁXIMO</th></tr>
<tr><td rowspan="5">1. CIÊNCIAS ECONÔMICAS/ CONTÁBEIS</td><td>1.1- Laudo produzido em demanda proposta por servidor(es) contra União/Estado/Município</td><td>R$ 300,00</td></tr>
<tr><td>1.2 - Laudo em ação revisional envolvendo negócios jurídicos bancários até 4 (quatro) contratos</td><td>R$ 370,00</td></tr>
<tr><td>1.3 - Laudo em ação revisional envolvendo negócios jurídicos bancários acima de 4 (quatro) contratos</td><td>R$ 630,00</td></tr>
<tr><td>1.4 - Laudo em ação de dissolução e liquidação de sociedades civis e mercantis</td><td>R$ 830,00</td></tr>
<tr><td>1.5 - Outras</td><td>R$ 370,00</td></tr>
</table>

2.ENGENHARIA/ ARQUITETURA	2.1 - Laudo de avaliação de imóvel urbano, conforme normas ABNT respectivas	R$ 430,00
	2.2 - Laudo de avaliação de imóvel rural, conforme normas ABNT respectivas	R$ 530,00
	2.3 - Laudo pericial das condições estruturais de segurança e solidez de imóvel, conforme normas ABNT respectivas	R$ 370,00
	2.4 - Laudo de avaliação de bens fungíveis/imóvel rural/urbano, conforme normas ABNT respectivas	R$ 700,00
	2.5 - Laudo pericial em Ação Demarcatória	R$ 870,00
	2.6 - Laudo de insalubridade e/ou periculosidade, conforme normas técnicas respectivas	R$ 370,00
	2.7 - Outras	R$ 370,00

3. MEDICINA/ ODONTOLOGIA	3.1 - Laudo em interdição/DNA	R$ 370,00
	3.2 - Laudo sobre danos físicos e estéticos	R$ 370,00
	3.3 - Outras	R$ 370,00
4. PSICOLOGIA		R$ 300,00
5. SERVIÇO SOCIAL	5.1 - Estudo social	R$ 300,00
6. OUTRAS	6.1 - Laudo de avaliação comercial de bens imóveis	R$ 170,00
	6.2 - Laudo de avaliação comercial de bens imóveis por corretor	R$ 330,00
	6.3 - Outras	R$ 300,00

Anexo XIV - Autodeclaração

AUTODECLARAÇÃO DE INEXISTÊNCIA DE ORGÃO DE CLASSE CONSTITUÍDO

Eu, [NOME DO PROFISSIONAL], documento de identidade: [DOCUMENTO], órgão exp. [ÓRGÃO], CPF: [CPF], nacionalidade [NACIONALIDADE], DECLARO para os devidos fins, sob as penas da Lei, que as profissões relacionadas à área de INFORMÁTICA, a qual estou me inscrevendo no [TRIBUNAL], até a presente data não possui Órgão de Classe Constituído. Por essa razão, não será possível comprovar vínculo com Órgão de Classe, tampouco comprovar a inexistência de penalidade disciplinar.

Saliento que a regulamentação do exercício das profissões de Analista de Sistemas e suas correlatas e a criação do Conselho Federal e dos Conselhos Regionais de Informática, encontra-se em tramitação na Câmara dos Deputados, sob Projeto de Lei 1.947, de 2003.

Termos em que,
Pede deferimento.

[NOME PERITO]
[ASSINATURA]

Anexo XV - Atos Oficiais - DRERJ

ATOS OFICIAIS

Com o objetivo de disseminar a informação jurídica encaminhamos, abaixo, os Atos Oficiais do Poder Judiciário do Estado do Rio de Janeiro**, indexados pela equipe da Biblioteca do TJERJ** e publicados no dia 22 de junho de 2017, no Diário da Justiça Eletrônico do Estado do Rio de Janeiro – DJERJ**.**

Conheça outros Atos do PJERJ; Provimentos, Resoluções etc. que estão disponibilizados no ***site*** do Tribunal de Justiça; www.tjrj.jus.br, em Consultas > Legislação > Atos Oficiais do PJERJ.

Os Boletins do Serviço de Referência Bibliográfica e Atendimento ao Usuário estão disponíveis na página da Biblioteca no endereço eletrônico: www.tjrj.jus.br > Biblioteca > Produtos > Boletins dos Atos Oficiais do PJERJ.

Ato Oficial	Data de Publicação	Ementa
PORTARIA TJ 2504/2017	22/06	Designa membros para a Coordenadoria Estadual da Mulher em Situação de Violência Doméstica e Familiar (COEM). DJERJ, ADM, n. 191, p. 6.

PORTARIA TJ 2511/2017	22/06	Designa membro suplente para o Comitê Gestor de Contas Especiais do Poder Judiciário do Estado do Rio de Janeiro. DJERJ, ADM, n. 191, p. 6.
SÚMULA TJ 360/2017	22/06	Para perícias de engenharia de menor complexidade, relativas a fornecimento de energia elétrica, água e esgotamento ou serviço de telefonia, atendem aos princípios da razoabilidade e da proporcionalidade os honorários fixados em quantia equivalente a até 4 (quatro) salários mínimos vigentes na data do arbitramento. DJERJ, ADM, n. 191, p. 9.
SÚMULA TJ 361/2017	22/06	Ressalvadas as demandas acidentárias, para perícias médicas de menor complexidade que apuram extensão das lesões da vítima, atendem aos princípios da razoabilidade e da proporcionalidade os honorários fixados em quantia equivalente a até 3,5 (três e meio) salários mínimos vigentes na data do arbitramento. DJERJ, ADM, n. 191, p. 9.

SÚMULA TJ 362/2017	22/06	Para perícias grafotécnicas, atendem aos princípios da razoabilidade e da proporcionalidade os honorários fixados em quantia equivalente a até 4 (quatro) salários mínimos vigentes na data do arbitramento, ressalvadas as despesas com o custo da diligência. DJERJ, ADM, n. 191, p. 9.
SÚMULA TJ 363/2017	22/06	Para perícias que apuram erro médico, atendem aos princípios da razoabilidade e da proporcionalidade os honorários fixados em quantia equivalente a até 5 (cinco) salários mínimos vigentes na data do arbitramento, ressalvados os casos de especialização incomum. DJERJ, ADM, n. 191, p. 9.
SÚMULA TJ 364/2017	22/06	Para perícias contábeis de menor complexidade, relativas a operação de mútuo bancário, arrendamento mercantil ou cartão de crédito, atendem aos princípios da razoabilidade e da proporcionalidade os honorários fixados em quantia equivalente a até 3,5 (três e meio) salários mínimos vigentes na data do arbitramento. DJERJ, ADM, n. 191, p. 9.
SÚMULA DA JURISPRUDÊNCIA PREDOMINANTE TJ SN1/2008	22/06	Súmula da Jurisprudência Predominante do Tribunal de Justiça do Estado do Rio de Janeiro. Alteração. DJERJ, n. 191, p. 10.

Caso a íntegra de algum Ato não esteja disponível, favor contatar o endereço eletrônico: emerj.seind@tjrj.jus.br		

Escola da Magistratura do Estado do Rio de Janeiro Departamento de Ensino
Biblioteca do Tribunal de Justiça do Estado do Rio de Janeiro Rua Dom Manuel, 37, térreo
Tel.: 021 3133-6562/3133-6556
E-mail: emerj.biblio@tjrj.jus.br

Antes de imprimir, pense em sua responsabilidade e compromisso com o meio ambiente.

Anexo XVI - Súmula 360 TJ-RJ

atualização: 08/04/2019

SALÁRIO MÍNIMO
Portal do Conhecimento / Súmulas / Súmulas do TJRJ e Tribunais Superiores

SÚMULA TJ Nº 176

"O VALOR DO AUXÍLIO-ACIDENTE INFERIOR A UM SALÁRIO MÍNIMO NÃO CONTRASTA COM A CONSTITUIÇÃO FEDERAL."

REFERÊNCIA: PROCESSO ADMINISTRATIVO Nº. 0013683-22.2011.8.19.0000 - JULGAMENTO EM 22/11//2010 - RELATOR: DESEMBARGADORA LEILA MARIANO. VOTAÇÃO UNÂNIME.

(VER: AUXÍLIO – ACIDENTE)

PESQUISA DE INTEIRO TEOR

SÚMULA TJ Nº 177

"O AUXÍLIO-ACIDENTE, CONCEDIDO A PARTIR DA VIGÊNCIA DA LEI Nº 9.032/95, NÃO PODE SER INFERIOR A 50% DO SALÁRIO MÍNIMO NACIONAL VIGENTE."

REFERÊNCIA: PROCESSO ADMINISTRATIVO Nº. 0013683-22.2011.8.19.0000 - JULGAMENTO EM22/11//2010 - RELATOR: DESEMBARGADORA LEILA MARIANO. VOTAÇÃO UNÂNIME.

(VER: AUXÍLIO – ACIDENTE)

PESQUISA DE INTEIRO TEOR

SÚMULA TJ Nº 182

"NAS AÇÕES QUE VERSEM SOBRE A PRESTAÇÃO UNIFICADA DE SAÚDE, A VERBA HONORÁRIA ARBITRADA EM FAVOR DO CENTRO DE ESTUDOS JURÍDICOS DA DEFENSORIA PÚBLICA NÃO DEVE EXCEDER AO VALOR CORRESPONDENTE A MEIO SALÁRIO MÍNIMO NACIONAL."

REFERÊNCIA: PROCESSO ADMINISTRATIVO Nº. 0013667-68.2011.8.19.0000 - JULGAMENTO EM 22/11/2010 - RELATOR: DESEMBARGADORA LEILA MARIANO. VOTAÇÃO UNÂNIME.

(VER: DEFENSORIA PÚBLICA, HONORÁRIOS ADVOCATÍCIOS, PRESTAÇÃO UNIFICADA DE SAÚDE)

PESQUISA DE INTEIRO TEOR

Todo conteúdo disponível nesta página é meramente informativo, não substitui em hipótese alguma, a publicação do Diário Oficial.

Data de atualização: 08/04/2019 Página **1** de **4**

SÚMULA TJ Nº 215

"A FALTA DE PROVA DA RENDA AUFERIDA PELA VÍTIMA ANTES DO EVENTO DANOSO NÃO IMPEDE O RECONHECIMENTO DO DIREITO A PENSIONAMENTO, ADOTANDO-SE COMO PARÂMETRO UM SALÁRIO MÍNIMO MENSAL."

REFERÊNCIA: PROCESSO ADMINISTRATIVO Nº. 0013651-17.2011.8.19.0000 - JULGAMENTO EM 22/11//2010 - RELATOR: DESEMBARGADORA LEILA MARIANO. VOTAÇÃO UNÂNIME.

(VER: RESPONSABILIDADE CIVIL)

PESQUISA DE INTEIRO TEOR

SÚMULA TJ Nº 360

"PARA PERÍCIAS DE ENGENHARIA DE MENOR COMPLEXIDADE, RELATIVAS A FORNECIMENTO DE ENERGIA ELÉTRICA, ÁGUA E ESGOTAMENTO OU SERVIÇO DE TELEFONIA, ATENDEM AOS PRINCÍPIOS DA RAZOABI-

LIDADE E DA PROPORCIONALIDADE OS HONORÁRIOS FIXADOS EM QUANTIA EQUIVALENTE A ATÉ 4 (QUATRO) SALÁRIOS MÍNIMOS VIGENTES NA DATA DO ARBITRAMENTO."

REFERÊNCIA: PROCESSO ADMINISTRATIVO Nº. 0013621-06.2016.8.19.0000 - JULGAMENTO EM 17/10/2016 - RELATOR: DESEMBARGADOR OTÁVIO RODRIGUES. VOTAÇÃO POR MAIORIA.

(VER: PRICÍPIO DA RAZOABILIDADE)

PESQUISA DE INTEIRO TEOR

SÚMULA TJ Nº 361

"RESSALVADAS AS DEMANDAS ACIDENTÁRIAS, PARA PERÍCIAS MÉDICAS DE MENOR COMPLEXIDADE QUE APURAM EXTENSÃO DAS LESÕES DA VÍTIMA, ATENDEM AOS PRINCÍPIOS DA RAZOABILIDADE E DA PROPORCIONALIDADE OS HONORÁRIOS FIXADOS EM QUANTIA EQUIVALENTE A ATÉ 3,5 (TRÊS E MEIO) SALÁRIOS MÍNIMOS VIGENTES NA DATA DO ARBITRAMENTO."

REFERÊNCIA: PROCESSO ADMINISTRATIVO Nº. 0013621-06.2016.8.19.0000 - JULGAMENTO EM 17/10/2016 - RELATOR: DESEMBARGADOR OTÁVIO RODRIGUES. VOTAÇÃO POR MAIORIA.

(VER: PRICÍPIO DA RAZOABILIDADE)

PESQUISA DE INTEIRO TEOR

SÚMULA TJ Nº 362

"PARA PERÍCIAS GRAFOTÉCNICAS, ATENDEM AOS PRINCÍPIOS DA RAZOABILIDADE E DA PROPORCIONALIDADE OS HONORÁRIOS FIXADOS EM QUANTIA EQUIVALENTE A ATÉ 4 (QUATRO) SALÁRIOS MÍNIMOS VIGENTES NA DATA DO ARBITRAMENTO, RESSALVADAS AS DESPESAS COM O CUSTO DA DILIGÊNCIA."

REFERÊNCIA: PROCESSO ADMINISTRATIVO Nº. 0013621-06.2016.8.19.0000 - JULGAMENTO EM 17/10/2016 - RELATOR: DESEMBARGADOR OTÁVIO RODRIGUES. VOTAÇÃO POR MAIORIA.

(VER: PRICÍPIO DA RAZOABILIDADE)

Todo conteúdo disponível nesta página é meramente informativo, não substitui em hipótese alguma, a publicação do Diário Oficial.

Data de atualização: 08/04/2019 Página **2** de **4**

PESQUISA DE INTEIRO TEOR

SÚMULA TJ Nº 363

"PARA PERÍCIAS QUE APURAM ERRO MÉDICO, ATENDEM AOS PRINCÍPIOS DA RAZOABILIDADE E DA PROPORCIONALIDADE OS HONORÁRIOS FIXADOS EM QUANTIA EQUIVALENTE A ATÉ 5 (CINCO) SALÁRIOS MÍ-

NIMOS VIGENTES NA DATA DO ARBITRAMENTO, RESSALVADOS OS CASOS DE ESPECIALIZAÇÃO INCOMUM."

REFERÊNCIA: PROCESSO ADMINISTRATIVO Nº. 0013621-06.2016.8.19.0000 - JULGAMENTO EM 17/10/2016 - RELATOR: DESEMBARGADOR OTÁVIO RODRIGUES. VOTAÇÃO POR MAIORIA.

(VER: PRICÍPIO DA RAZOABILIDADE)

PESQUISA DE INTEIRO TEOR

SÚMULA STF Nº 467

A BASE DO CÁLCULO DAS CONTRIBUIÇÕES PREVIDENCIÁRIAS, ANTERIORMENTE À VIGÊNCIA DA LEI ORGÂNICA DA PREVIDÊNCIA SOCIAL, É O SALÁRIO MÍNIMO MENSAL, OBSERVADOS OS LIMITES DA LEI 2755/1956.

(VER: PREVIDENCIÁRIO)

PESQUISA DE INTEIRO TEOR

SÚMULA VINCULANTE STF Nº 4

SALVO NOS CASOS PREVISTOS NA CONSTITUIÇÃO, O SALÁRIO MÍNIMO NÃO PODE SER USADO COMO INDEXADOR DE BASE DE CÁLCULO DE VANTAGEM DE SERVIDOR PÚBLICO OU DE EMPREGADO, NEM SER SUBSTITUÍDO POR DECISÃO JUDICIAL.

PESQUISA DE INTEIRO TEOR

SÚMULA VINCULANTE STF Nº 6

NÃO VIOLA A CONSTITUIÇÃO O ESTABELECIMENTO DE REMUNERAÇÃO INFERIOR AO SALÁRIO MÍNIMO PARA AS PRAÇAS PRESTADORAS DE SERVIÇO MILITAR INICIAL.

(VIDE: SERVIDOR PÚBLICO MILITAR)

PESQUISA DE INTEIRO TEOR

SÚMULA VINCULANTE STF Nº 15

O CÁLCULO DE GRATIFICAÇÕES E OUTRAS VANTAGENS NÃO INCIDE SOBRE O ABONO UTILIZADO PARA SE ATINGIR O SALÁRIO MÍNIMO DO SERVIDOR PÚBLICO.

(VER: SERVIDOR PÚBLICO)

PESQUISA DE INTEIRO TEOR

ENUNCIADO – AVISO TJ Nº 94

Todo conteúdo disponível nesta página é meramente informativo, não substitui em hipótese alguma, a publicação do Diário Oficial.

Data de atualização: 08/04/2019 Página **3** de **4**

27. NAS AÇÕES QUE VERSEM SOBRE A PRESTAÇÃO UNIFICADA DE SAÚDE, A VERBA HONORÁRIA ARBITRADA

EM FAVOR DO CENTRO DE ESTUDOS JURÍDICOS DA DEFENSORIA PÚBLICA NÃO DEVE EXCEDER AO VALOR CORRESPONDENTE A MEIO SALÁRIO MÍNIMO NACIONAL.

PRECEDENTES: APCV 2009.001.47077, TJERJ, 7ª C. CÍVEL, JULGADA EM 02/09/2009. APCV 2009.001.47604, TJERJ, 5ª C. CÍVEL, JULGADA EM 28/08/2009.

(VER: DEFENSORIA PÚBLICA, DIREITO À SAÚDE, HONORÁRIOS ADVOCATÍCIOS)

43. O VALOR DO AUXÍLIO-ACIDENTE INFERIOR A UM SALÁRIO MÍNIMO NÃO CONTRASTA COM A CONSTITUIÇÃO FEDERAL.

PRECEDENTES: APCV 2009.001.51723, TJERJ, 14ª C. CÍVEL, JULGADA EM 07/10/09. APCV 2009.001.52551, TJERJ, 3ª C. CÍVEL, JULGADA EM 29/09/09.

(VER: ACIDENTE DE TRABALHO)

68- A FALTA DE PROVA DA RENDA AUFERIDA PELA VÍTIMA ANTES DO EVENTO DANOSO NÃO IMPEDE O RECONHECIMENTO DO DIREITO A PENSIONAMENTO, ADOTANDO-SE COMO PARÂMETRO UM SALÁRIO MÍNIMO MENSAL.

PRECEDENTES: APCV 2009.001.22856, TJERJ, 3ª C. CÍVEL, JULGADA EM 13/10/09. APCV 2009.001.34525, TJERJ, 11ª C. CÍVEL, JULGADA EM 12/08/09.

(VER: PROVA)

AVISO TJ Nº 94, DE 04/10/2010

ENUNCIADO – AVISO TJ Nº 29

ENUNCIADOS CÍVEIS:

ENUNCIADO 50 - PARA EFEITO DE ALÇADA, EM SEDE DE JUIZADOS ESPECIAIS, TOMAR-SE-A COMO BASE O SALÁRIO MÍNIMO NACIONAL.

(VER: JUIZADOS ESPECIAIS)

AVISO TJ Nº 29, DE 13/06/2000

Poder Judiciário do Estado do Rio de Janeiro
Diretoria-Geral de Comunicação e de Difusão do Conhecimento
Departamento de Gestão e Disseminação do Conhecimento

Pesquisa elaborada e disponibilizada pelo Serviço de Captação e Estruturação do Conhecimento Divisão de Organização de Acervos do Conhecimento

Para sugestões, elogios e críticas: **seesc@tjrj.jus.br**

Todo conteúdo disponível nesta página é meramente informativo, não substitui em hipótese alguma, a publicação do Diário Oficial.

Data de atualização: 08/04/2019 Página **4** de **4**

ANOTAÇÕES

Impressão e acabamento
Gráfica da Editora Ciência Moderna Ltda.
Tel: (21) 2201-6662